The Oxford Oriental Services
A Burmese Reader
BEING AN EASY INTRODUCTION TO THE WRITTEN
LANGUAGE AND COMPANION TO JUDSON'S GRAMMAR
For the Use of Civil Services Students and others who wish to
acquire the Language quickly and thoroughly
BY
R. F. ST. ANDREW ST.JOHN, HON. M.A.
MEMBER OF THE ROYAL SOCIETY
TEACHER OF BURMESE IN THE UNIVERSITY OF OXFORD
AND UNIVERSITY COLLEGE, LONDON
AND LATE DEPUTY COMISSIONER IN BURMA

Oxford
AT THE CLARENDON PRESS
1894

Reprinted in part by JiaHu Books 2013

Burmese Reader - Annotated Selections from the Sudhammacari
Copyright © JiaHu Books 2013
First Published in Great Britain in 2013 by Jiahu Books – part of
Richardson-Prachai Solutions Ltd, 34 Egerton Gate, Milton Keynes, MK5 7HH
ISBN: 978-1-909669-08-6
Conditions of sale
All rights reserved. You must not circulate this book in any other binding or cover and you must impose the same condition on any acquirer.
A CIP catalogue record for this book is available from the British Library
Visit us at: jiahubooks.co.uk

ငအကျင့်အဘွား ကားလူမျိုးတယ်

"My grandmother is Burmese"

(Well, she is. - T.J. Richardson)

Preface	7
Introduction	9
Sudhammacari - Introduction	17
The Two Wild Dogs	19
The Fox And The Otter	23
The Goatherd And The Ship's Captain	27
The Very Passionate Girl, Ratti Ithari	31
The Brahman And The Wild Dog	35
The Three Men	37
The Barber And The Rich Man	40
The Potter And The Washerman	43
King Mahāmanda	45
Kumaba Katthaba And Ponta	51
The Four Brahmans	55
The Minister's Daughter's Tale	58
The Three Young Men And The Rich Man's Daughter	61
The Rich Man And His Three Wives	63

PREFACE

It is a great mistake to suppose that Burmese, or any other language, can be learnt properly from a phrasebook, or by picking it up in the country. To acquire a language thoroughly one must first learn it as written and then turn to the colloquial. This book is the result of experience gained in seven years' teaching, and those persons, acquainted with the language, to whom it has been shown, are unanimous in stating that it supplies a want.

The objects are-

1. To supplement Judson's Grammatical Notes (ed. now available on Wikisource) which, as yet, is the simplest grammar.
2. To supply a correct and uniform text.
3. To enable students to read the characters in as short a time as is possible.

If the learner were to sit down to the easiest of Burmese books with a grammar and dictionary he would make very little progress, owing to the many different meaning attached to one word. For instance, the word တူ *too* means 'the son of a man's sister, 'a hammer,' 'to be like,' to be dark;' တေ *te* means 'adulterated metal,' 'to beat,' 'to be vile,' 'to do repeatedly.'

Again, the spelling of the books published in Burma does not always correspond, as pointed out by Judson in the preface to his dictionary. I have generally followed the spelling as given by him.

The Sudhammacari, which forms Part II, has long been used as a text-book, because the style is easy, and the vocabulary large. I have, however, re-arranged it so as to get all the short stories at the beginning. The translation and notes to this part will, I hope, entirely supply the place of a dictionary until the learner knows how to use one.

Hitherto the Burmese literature available to Europeans has been translations from Pali Jataka, but the field of Burmese poetry is a *terra incognita* beset with difficulties. Any one who can assist in elucidating this branch of the subject, which is the true literature of the people, will be doing a good services.

R. F. ANDREW ST. JOHN.

WADHAM COLLEGE,
October, 1893.

Much of the original introductory grammatical material has been edited out as any student who is ready to attempt these passages will already be familiar with the points made. Some of the points which are not covered in the most popular beginner's courses have been left in out of interest.

ABBREVIATIONS

The most common in use are:

၏ i, sometimes a sign of possessive case, but more commonly as assertive affix denoting the end of a clause.
၌ for နှိုက် hnaik, the locative postposition.
၎င်း or ၎င် for လည်းကောင်း lee-gaung (J. § 126.8).
၍ for ရွေ့ yue, verbal conjunction (J. §109).
ကျွန်ုပ် kyunôk, for ကျွန်ုပ်နုပ် kyun nôk, I, your humble servant.
လုင် for လုလင် lulin, a youth, servant.
ယောက်ျးfor ယောက်ယား yauk-yā, a man (Lat, *vir*).
˙ for က် after ေ –ာ , as ကော် for ကောက် kauk.
ˋ for င် as သက်န် thingan, သဘော် for သင်းဘော thimbaw.
ဥ for ည when short of space.
အံန for အနက anet, out of. နံက် for နံနက် morning.
ဿ for သ as ရဿေ့ yatthe, ပြဿဒ် pyatthat.
ဏ္ဏ for ဏ as in ဘဏ္ဏာ p'adā.

PHONETIC CHANGES

Certain words are not pronounced as they are written, and the laws which regulate these changes will be found below:
1. When a final consonant is followed by a nasal it is nasalized by assimilation; as,
ဢ *eik met*, to dream, becomes *ein met*.
ဢ *auk me*, to long for, becomes *aung me*.
ဢ *nit nā*, to be aggrieved, becomes *nin nā*.
2. Sometimes the vowel *u* or *ū* is elided; as,
ပုရပိုက် *purapaik*, a note-book, becomes *parabaik*.

ဘုရင် *buyin*, a king, becomes *bayin*.
သူခိုး *thū k'o*, a theif, becomes *thak'o*.
ကူးတို့ *kū to*, a ferry, becomes *kado*.

3. The aspirate in ရှ *sha* is omitted; as,
အိမ်ရှေ့မင်း *ein she min*, an heir apparent to the throne, becomes *ein ye min*.

4. The letters ဘ *b'a*, ပ *pa*, မ *ma* are interchangeable; as,
ထဘီ *t'a b'ee*, a petticoat, becomes ထမိ *t'a mee* or ထမိန် *t'a mein*.
ဓားပြ (usually spelt ဓားပြ) *d'a pya*, a dacoit, becomes *d'a mya*.

5. In words beginning with *u* or *ū* the initial vowel takes the initial consonant of the following syllable and *ū* is changed to *n*; as,
ဥမှင် *uhmin*, a cave, becomes *ônhmin*.
ဦးနှောက် *ūhnauk*, brains, becomes *ônhnauk*.
ဦးခေါင်း *ūk'aung*, a head, becomes *ôkk'aung*.

6. The final nasal of the first syllable is sometimes dropped, as,
ဆံပင် *s'an pin*, hair (of head), becomes *s'abin*.
စံကော *tsan kaw*, acorn sieve, becomes *tsagaw*.
တံခါး *tan k'ā*, a door, becomes *tag ā*.
ပန်းပဲ *pan pè*, a blacksmith, becomes *pabè*.

SHORT NOTES ON GRAMMAR AND SYNTAX

Neither nouns nor verbs are inflected.
Gender, number, and case are case are denoted by affixes.
The affix of the possessive case is often left out, the first of two nouns standing together being in the possessive case; thus,

> Man goat female many to = to the man's she-goats.

If the possessive affix is omitted, the noun which is in the possessive is pronounced with a short abrupt tone.
As composite nouns are often made up of verb- and noun-roots placed together, they will cause some little trouble to the beginner.

PLURAL OF NOUNS

There is a peculiarity connected with the plural affix တို့, which is occasionally met with, and has not been noticed by Judson. When two or more nouns are used in conjunction, with or without the connective နှင့် , they may be followed by တို့ and still remain singular; thus,

> သောကျီး နှင့် သမင်တို့ The crow and the deer.
> Crow and deer pl.

> ခွေး နှင့် ဖျံ တို့သည် The dog and the otter.
> Dog and otter pl.

> အမိ အဖ တို့သည် The parents
> Mother father pl.

There can be little doubt that this affix is a modified form of the verb တိုး to increase.

VERBS

Verbs are transitive, intransitive, and auxiliary,
They generally run in couples for the purpose of determining the sense more accurately, or strengthening or amplifying the action to be indicated.
They have plural affixes (really verb-roots indicating *entirely*), which are often dispensed with.
Mood and tense are expressed by auxiliary verbs and particles. They stand at the end of a clause or sentence, followed by the auxiliary and euphonic (if wanted), and the affix which denotes continuity or finality; thus,

Order give finish if, we him food cook give ought =
If the order was given, we ought to cook and give him food.

The passive voice is formed by means of the verb ခံ to suffer, with the verbal noun; thus,

> ငါရိုက်သည်။ ငါအရိုက်ခံသည် I beat; I a beating suffer.

SYNTAX

The following is a typical Burmese sentence:

ထို အခါ ၌ ကောင်းသော[1]လူ နှစ်ယောက်[2] တို့[3] သည်[4]
    That time at good   man   two

မြို့မ[5] သို့ သွား ကြ[6] လတ်[7] သော် ရေ တွင်း ထဲ[1] သို့
    town to go   water hole inside to

လဲး ကျ[11] ရှာ[12] ခဲ့[13] သ[14] တည်း[15]
        fall-over drop.

On that occasion two good men having gone to the town, I regret to say, fell into a well.

[1] သော the particle used to join verbs used participially to the noun which follows.
[2] ယောက် a word descriptive of men; only used now as a numeral adjective.
[3] တို့ plural affix for nouns, evidently a form of ထိုး to increase, might be omitted.
[4] သည် nominative affix: might be omitted.
[5] မ the feminine affix. When added to မြို့ a town, it gives the idea of *chief* (metropolis) town of a district.
[6] ကြ plural affix for verbs: may be omitted.
[7] လတ် euphonic affix with no meaning: might be omitted or changed for လေ another euphonic or ပြီး v. to be *finished*. Both လေ and လတ် are probably verbs that are now obsolete.
[8] သော် ,past continuative affix, might be exchanged for လျှင် .
[9] ရေ တွင်း composite noun meaning *a well*.
[10] ထဲ for အထဲ , a noun formed from an aspirated from of the verb ထဲး *to rest in*, and used as a secondary noun with the postposition: ထဲးသို့ = into
[11] လဲး ကျ , coupled verbs, expressive of different ways of falling.

[12] ရှာ, an auxiliary or qualifying affix denoting *sympathy* or *regret*. This may originally have been only an exclamation like *Ah!* Indicative of pain, as there is no verb of similar meaning.

[13] ခဲ့ , auxiliary affix of past tense.

[14] သ , a euphonic abbreviation of သည် , the assertive affix.

[15] တည်း a strong assertive final, or closing, affix, from တည် v. to *establish,* meaning that what has been stated is an *established* fact, It is not much used now and might be omitted, သည် being substituted for သ .

From the' above it will be seen that the adverb of time stands first, the subject is followed by the object, and the predicate is placed last.

Other adverbs, as a rule, immediately precede the verb; as,

အိမ် သို့. မြန် မြန် သွား။
House to quickly go.
သူ သည် ခွေးကို အလွန် ချစ် သည်။
He dog to exceedingly loves.

NEGATION

The negative မ ma is always placed before the chief verb, and cannot precede a verb used as an auxiliary, but if the two verbs are coupled by it will precede the latter; as,

မသွားသင့် or   သွား၍မသင့်
Not go proper. or   Go not proper.

If there are a number of verbs used agglutinatively it may be placed before the whole compound or, for the sake of emphasis, before each member of the compound; thus,

မချစခင် or မချစမခင်
Not love not attached to.

If the verb be compounded of a *noun* and a verb it must be placed before the verb; thus,

နားထောင်။ နားမထောင်
To listen, not to listen.

It is sometimes used with the verb ဟုတ် to be true; thus,

ပြုအပ်သည်မဟုတ်
Do proper not true.
It is not proper to do.

When the honorific verbal affixes တော် and မူ are used မ must always precede မူ (a verb meaning to do); thus,

မင်းကြီးရောက်တော်မူသည်
King arrive does.
မင်းကြီးရောက်တော်မမူ
King arrive not does.
The king does not arrive.

In prohibitive sentences the affixes နှင့် or လင့် are placed at the end of the sentence with မ preceding the verb; thus,

မပြောနှင့် (or လင့်)
Do not speak.

The negative assertive affix ဘူး is mostly used in conversation and resembles the French pas; thus,

B. ငါမသိဘူး
F. Je ne sais pas.
E. I not know.

INDIRECT SPEECH

Indirect speech is shown by the verb ဟူ to say followed by the conjunction ၍ (or by its shorted form without the conjunction) and a verb expressive of speaking or thinking, such as ဆို to say, or ကြံ or မှတ် to think. Generally the speaker is designated before the indirect speech, followed by က by, or လည်း also, or by ကလည်း this is, however, not always the case. Judson calls this က a nominative affix, but, in my opinion, it is clearly the ablative affix, denoting by or from whom the speech came: thus,

ကျီးကလည်း မကောင်းပါ တကား ဟူ ၍ ဆို၏။
Crow by also, 'It is not good,' saying says.

The crow says, ' It is not good.'
သူမလာနိုင်ဟုမှတ်၍॥
'He not come can' thinking.
Thinking that he could not come.

In conversation, ထို့ is substituted for ဟု, and the sentence often still further shortened by the use of the affix တည့် *dè*; thus,

သူလာမည်တည့်
'He come will,' (says).
He says that he will come.

PART II

သုဓမ္မစာရီ မင်းသမီး ဓမ္မသတ် ဖြတ်ထုံး။
The Decisions of Princess Sudhammacari

INTRODUCTION

မင်း စသော အမတ် စစ်သူကြီး တို့၏စကား၊ပညာရှိ တို့ ၏ စကား သော်ကား မိုယ်းကြိုး ပြစ်သကဲ့သို့ဆိုရာ၏။ သံလျက် သွားဖြင့် ငှက်ပျော ရွက်ကိုဖြတ်သကဲ့သို့ ဆိုရာ ၏။ပြင်းစွာ သောလေသည်သစ်ပင်ကို ခပဘိသကဲ့သို့ ဆိုရာ၏။ လောက၏ချမ်းသာ ၊ သံသရာ ၏ ချမ်းသာ ကို နှစ်လုံး သွင်းသော တရားသူကြီး တို့ သည် အပြစ်ရှိ သောသူတို့၏ ပျက်စီးခြင်း ကိုရည် ၍ မပြတ် တရားကိုအကုန် စိစစ် ကြ ပြီး လျှင် တရား သဖြင့် အပြစ်ကြီး ငယ် တို့ကို မေစမြန်းကြည့်ရှု ၍ကောင်းစွာ ဆုံးဖြတ်ကြရာ၏။

ANALYSIS

မင်းသမီး a princess, fr. မင်း a ruler, သမီး a daughter. ဓမ္မသတ် for P. ဓမ္မသတ္တ a law code, ဖြတ်ထုံး a decision,fr. ဖြတ် v. to cut, ထုံး a custom, precedent. မင်း စသော စစ်သူကြီး တို့၏စကား The words of *kings, nobles, and judge, etc.* မင်း a ruler. စသော beginning with, part, of စ v.to begin= etc. အမတ် n. a person of note, a minister. စစ်သူကြီး a judge,fr. စစ် v.to sift; သူ person; ကြီး to be great. တို့ plur.affix.fr. တိုး v.to increase. ၏ posses. affix. စကား a word. ပညာရှိ တို့၏စကား သော်ကား *the words of wise men* ပညာရှိ a wise men,fr. ပညာ P. wisdom ရှိ v.to have. သော်ကား strong nom.affix. မိုယ်းကြိုး ပြစ် သကဲ့သို့ဆိုရာ၏။ *should be spoken like the hurling of a thunderbolt:* မိုယ်းကြိုး thunderbolt,fr. မိုယ်း for P. မေဃော the sky, and ကြိုး v.to put forth energy. မိုယ်း is the only word formed on this principle that takes the heavy accent. ပြစ် v.to throw. သကဲ့သို့ like to. ဆို v.to speak,be spoken. ရာ aux.v. to be suitable, should. ၏။ assertive affix. denotes a full stop or colon. သံလျက် သွားဖြင့် ငှက်ပျော ရွက်ကိုဖြတ်သကဲ့သို့ ဆိုရာ ၏။ *should be spoken as one cuts a banana leaf*

17

with the edge of a sword: သံလျက် a double-edged sword of Indian origin. ၌၁း Tooth, edge. ဖြင့် by, with. ၄က်ပျော the banana or plantain. အရွက် a leaf ကို objective affix. ဖြတ် v to cut. ပြင်းစွာသောလေသည် သစ်ပင်ကိုခပ်ဘိသကဲ့သို့ ဆိုရာ၏။ should be spoken as a very strong wind strikes the trees. ပြင်း v to be strong, violent; စွာ intensive affix. သော participial connection. လေ wind. သည် nom affix. သစ်ပင် a tree, fr. သစ် wood, အပင် a plant. Nouns often have a plural force without the plural affix ခပ် to strike. ဘိ euphony affix. သ for သည် the assertive or substantive affix. လောက၏ချမ်းသာ သံသရာ၏ ချမ်းသာကို နှစ်လုံးသွင်းသော တရားသူကြီးတို့သည် Judges who have at heart the happiness of this world and the hereafter. လောက P this world. ချမ်းသာ happiness, fr. ချမ်း to be cold, သာ to be pleasant. သံသရာ P. future transmigrations. နှစ်လုံး the heart. သွင်း to put into. တရား law, fr. တည်ရာ that which is firm. တရားသူကြီး a judge. အပြစ် ရှိသောသူတို့၏ ပျက်စီးခြင်းကို ရည်၍ aiming at the destruction of those who are at fault. အပြစ် blame, fr. ပြစ် to throw. ပျက်စီး to be destroyed. ခြင်း verbal formative, fr. အခြင်း an act, fr. ကျင့် to do ရည် to aim at. ရည် for ရွှေ့ verbal conjunction. မပြတ် unceasingly, မ not, ပြတ် to be cut, This might however be taken as မပြတ် (သော) တရား undecided law. တရားကို အကုန်စိစစ်ကြပြီးလျှင် having sifted the law (or case) thoroughly, အကုန် thoroughly, fr. ကုန် to be finished, come to an end. စိစစ် to sift, scrutinize. ပြီး v to be complete: used as an auxiliary to denote past time. လျှင် continuative affix. တရားသဖြင့် by means of the law, သ euphonic for သည့် အပြစ်ကြီးငယ် ကိုမေးမြန်းကြည့်ရှု၍ examining and inquiring into the faults both small and great, ငယ် to be small. မေးမြန်း to question ကြည့်ရှု to look into. ကောင်းစွာဆုံးဖြတ်ကြရာ၏ should rightly give their decisions. ကောင်း to be good, right. စွာ = ly. ဆုံးဖြတ် to decide; ဆုံး to make an end of. ကြ plur affix always follows principal verb.

NOTES

သုဓမ္မစာရီ Sudhammacari, a Pali word meaning 'the doer of good law'. She is said to have been the daughter of a Raja of Kamboja, in the Panjab, of which Madda was a city.
The Burmese pronounce it သုဓမ္မစာရီ Thudhammatsari.

ခွေးထီးခွေးမတို့သည်အခြင်းများကြ၍သားသုံးကောင်ကို
ခွဲဝေကြသည့်အကြောင်း။
The Account of the Division of the Three Children when the Dog and Bitch quarreled.

ANALYSIS OF HEADING

ခွေး a dog, irrespective of gender. ထီး denotes the male and မ the female (J. § 56). အခြင်းများ to quarrel, lit. အခြင်း deeds, များ to be many. ၍ this verbal conjunction, which is verb meaning to associate, may be translated in several ways to suit the sense. သား a child, evidently the same as သား flesh, generally used for son. သုံး three. ကောင် numeral auxiliary (J. §§ 97-98). ခွဲ to split. ဝေ to divide. ကြ plur affix. သည့် part affix commonly used for. သော It makes the whole sentence one adjectival clause (J. § 114). အကြောင်း an account, circumstance, from ကြောင်း to draw a line (round).

ရှေးသောအခါ တောခွေးနှစ်ကောင်တို့သည် တောပရဝဏ်၌ နေကြ၏။
ကာလရှည်လတ်သော် ခွေးထီးတစ်ကောင်ခွေးမနှစ် ကောင်ပွားကြ၏။
နေဝံသူတို့မညီမညွတ်ဝေကြသော် ခွေးမယ်ကို တကောင်စီယူစားကြ၏။
ခွေးထီးတကောင်ကြွင်းသည်ကိုခွေးမကလည်း ငဆ၊ ငါဆင်းရဲကြီးစွာလွယ်
ပိုက်ရသည်ဖြစ်၍ ငါသာရသင့်သည် ဟုဆို၏။ ခွေးထီးကလည်း
ငါမယားသခင်လင်ဖြစ်သောကြောင့် ငါသာ ရကောင်းသည်ဟုဆို၏။
ထိုသို့အငြင်းအခုံဖြစ်၍တရားတွေ့ အံ့သော ၃၄ဒေဝဘဏ်အလောင်းဖြစ်
သောကျားကလည်း ငါ့နေရာသို့ရောက် လာကြပြီဟုဆို၍ ထိုသားတို့ကို
အမိ၌တကောင်၊ အဘ၌ တကောင် ပေး၏။ ထိုသို့ပေးပြီးမှ
ကြွင်းသောခွေးထီးတကောင်ကို အလယ်တွင် ဖြတ်၍တကောင်လျှင်
တပိုင်းစီပေးလေ၏။ အမိနှင့်အဖတို့သည် ထိုသားအကောင်ကိုမြင်ကြလျှင်

ပြင်းစွာငိုကြွေးကြပြီးလျှင် အရှင်ကျားမင်း၊ ဤသို့ကြမ်းကြုတ်စွာဝေခြင်းဖြင့် မဝေသင့်ဘဲဝေပါသည်တကားဟုဆိုရှု၍ သားကောင် ကိုကျားရှေ့သို့ပြစ်ရှု၍ သွားကြလေ၏။ ။ ထိုသတ္တဝါနှစ်ခုကို ဒေဝဒတ်အလောင်းကျားမင်းစီရင်ဘိသကဲ့ သို့မင်း၊ အမတ်၊ စစ်သူကြီး တို့သည် မပြုကုန်ရာ။ ပြုချေသောသူတို့သည် အပါယ်လေးဘုံဩ့ကျလဲ ကုန်အံ့သတည်း။။

ANALYSIS

ရှေးသောအခါ In former times. This is the usual formula, ၌ in being omitted ရှေး former, fr. ရှေ့ to be in front. အခါ time. တောခွေးနှစ်ကောင်တို့သည် two wild dogs. တော a forest, used to express wild, lit. forest's dog. နှစ် two, often pronounced န before a consonant. ကောင် numeral affix, for animals. တော ပရဝဏ်၌နေကြ၏။ dwelt in a forest cell. ပရဝဏ် a form of P. *pariveṇam*, a hermit's cell. နေ to dwell. ၌ for နှိုက် in. ကာလရှည်လတ်သော် Time having been long, i.e. after some time. ကာလ P time. ရှည် to be long. လတ် euphony, affix, does not seem to have any meaning. သော် past, conjunction. ခွေးထီးတကောင်ခွေးမနှစ်ကောင်ပွားကြ၏ one day and two bitches were born. တ for တစ် one. ပွား to be born: Judson only gives 'to grow, increase' as the meaning, but if ဖွား means 'to bring forth,' ပွား will mean 'to be brought forth.' နောဴ်သူတို့မညီမညွတ်ဝေကြသော် ခွေးမငယ်တို့တကောင်စီ ယူစားကြ၏ ။ Afterwards not being agreed they divided (their property) and each took one of the little bitches. နောက် behind, afterwards. သူ person, he သူတို့ they မ not; always precedes the verb, and if the verb be double, there are generally two, but not always. ညီ to be even ညွတ် to be inclined in mind, to be bent: the two express compatibility of temper. ဝေ to divide. (Property is always divided on separation of husband and wife). ငယ် to be little. စီ adv. Each, apiece: used as a verb it means 'to place things in a row.' ယူ to take. စား to divide (lit. eat). ခွေးထီး တကောင်ကြွင်းသည်ကို ခွေးမကလည်း As regards the dog that remained over, the bitch (said); ခွေးထီး (k'wedee) the (little) dog. ကြွင်း to remain, in excess. ကို objective affix used in the sense of 'with regard to' လည်း also on the one hand. These two words generally come before the oratio oblique as the first part of a bracket, the verb 'to say' being quite at the end . ငါသ Nga S'a, This may be translated either as meaning the dog's name, in which case it would be vocative; or, as C of me, my, အသ a share.

ငါသ (He is)my portion.

ငါဆင်းရဲကြီးစွာလွယ်ပိုက်ရသည်ဖြစ်၍ငါသာရသင့်သည်ဟုဆို၏။ 'Since I with great misery had to carry him, I ought to get (him),' (she) said. ငါ I ဆင်းရဲ to be poor, miserable . It is not easy to see what two verbs are compounded to form this word. ကြီး to be great. ထွက် to carry at the side like a sword or bag. ပိုက် to carry in the arms ရ to get, obtain; here used as an aux. verb implying obligation, as we use 'got'. ဖြစ် (subst, verb)to be, exist; ဖြစ်၍ it being, since. သာ adv only, always pronounced *tha*. သင့် to be suitable, proper, right. ဟု shortened form of ထူ to say, used to denote the termination of oratio oblique.

ခွေးထီးကလည်း ငါ မယားသခင်လင်ဖြစ်သော ကြောင့်ငါ သာရကောင်းသည်ဟုဆို၏။ The dog said too, 'Because I am the husband and lord of my wife. I alone ought to get (it).' မယား a wife. သခင် or သခင် a master, owner. လင် a husband. သော့ကြောင့် because (J. § 66). ကောင်း to be good, right; often used in the sense of ought.

ထိုသို့အငြင်းအခုံဖြစ်၍ တရားတွေ့အံ့သောငှာ ဒေဝဒတ်အ လောင်းဖြစ်သော ကျားနေရာသို့ သွားကြလေ၏။ Thus a quarrel arising, in order to find out the law, they went to the abode of a tiger who was the embryo of Devadat. ထိုသို့ thus. အငြင်းအခုံ a quarrel, fr. ငြင်း to deny: ခုံ to leap(?) တွေ့ to discover. အံ့သောငှာ for the purpose of (J. § 65) .ဒေဝဒတ် Devadatta, the wicked cousin of Gotama Buddha. အလောင်း an embryo or imperfect stage, prior to another. ကျား a tiger နေရာ an abode, fr. နေ to dwell. သွား to go ကြ plural လေ euphony.

ရောက်ကြလေသော်ကျားကလည်း ငါ နေရာသို့ကရောက်လာ

ကြပြီဟုဆို၍ ထိုသားတို့ကို အမိ ၌ဘကောင်၊ အဘ၌ထကောင်ပေး၏။
When they arrived, the tiger, saying, 'You have come to my dwelling,' gave those children, one to the mother and one to the father. ရောက် to arrive. လာ to come သား used for the feminine, a child. အသ for အဖ a father. Many words are written with သ and pronounced ဖ. The locative ၌ is often used as dative. ပေး to give. ၏ in narrative is used when we should use a past tense.

ထိုသို့ပေးပြီးမှ ကြွင်းသောခွေးထီးတကောင်ကို အလယ်တွင် ဖြတ်၍ တကောင်လျှင်တပိုင်းစီ ပေးလေ၏။ After having thus given, he cut through the middle the dog that remained over and gave a piece to each. မှ from, is often used with verbs in the sense of after ကြွင်း to remain over. အလယ် the middle. ဖြတ် to cut crosswise. တကောင်လျှင် per head; လျှင် is often used in this sense. အပိုင်း a piece, fr. ပိုင်း to server. စီ each (J. § 126, 8).

အမိနှင့်အဖ တို့သည် ထိုသားအကောင်ကို မြင်ကြလျှင် ပြင်းစွာငို‌ကျွေးကြပြီးလျှင် အရှင် ကျားမင်း၊ ဤသို့ကြမ်းကြုတ် စွာဝေ ခြင်း ဖြင့် မဝေသင့်ပဲဝေပါသည်တကားဟုဆို၍ သားကောင်ကို ကျားရှေ့ သို့ ပြစ်၍ သွားကြလေ၏။ The mother and father, when they saw the corpse of that son, having cried aloud, said. 'Lord Tiger King, with so cruel a division you ought not to have divided," and, throwing the corpse of the child before the Tiger King, went away.

မြင် to see. လျှင် when, or, having. အကောင် a dead body (generally for animals). ငို to cry, weep. ‌ကျွေး to wail. အရှင် a lord, master, owner. ကြမ်းကြုတ် to be rough, harsh. စွာ intensive affix. ဝေ to divide. မ–ဘဲ without; this ဘဲ is really the verb. ဖယ် or ပယ် to reject, set aside. သင့် to be proper; the whole construction is peculiar, 'without being proper to divide you have divided.' ပြစ် to throw (commonly written ပစ်) ရှေ့ in front of. ထကား an exclamation.

ထိုသတ္တဝါနှစ်ခုကို ဒေဝဒတ်အလောင်းကျား မင်းစီရင်ဘိသ ကဲ့ သို့ မင်း၊ အမတ်၊ စစ်သူကြီးတို့ သည် မပြုကုန်ရာ။ As the Tiger King, the embryo of Devadat decided for these two beings, nobles and judges ought not to do. သတ္တဝါ (Thattaw) P. a rational being of any kind, နှစ် two. ခု numeral affix generally used for things without life (J. § 98). စီရင် to arrange, decide, စီ to place in a row. ဘိ a euphon. affix.

Generally used with ကဲ့သို့ just as. အမတ် a noble ပြု to do. ကုန် plur affix. ရာ or လျှာ to be suitable, should. ပြုချေသောသူတို့သည် အပါယ်လေးဘုံ၌ ကျလဲကုန်အံ့ သ တည်း။ Those persons who do will certainly fall over into the four places of punishment.

ချေ a euphony affix. Generally subjective. အပါယ် ape, fr. P အပါယော (*Apayo*) a place of punishment. ဘုံ an abode. ကျ to fall down. လဲ to topple over. တည်း a strong closing affix denoting 'certainty,' fr. တည် to fix, to establish.

NOTES

သတ္တဝါ a sentient being, fr. Sans. Satva. The Burmese cannot pronounce tva, so put in an extra ta.

အပါယ် there are four hells or states of suffering or misfortune.

မြေခွေးနှင့်ဖျံ၏ အကြောင်း
The Account of the Fox and the Otter

ရှေးသောအခါ မြေခွေးနှင့်ဖျံသည် ခင်ပွန်းမိတ်ဆွေဖွဲ့၍ မြစ် ကမ်းနား၌အစာရှာကြလေသော် ဖျံသည်ငါးကြင်းတကောင်ကိုရလေ၏။ ဖျံကလည်း ထိုငါးကြင်းတကောင်ကိုရလေ၏။ ဖျံကလည်း ထိုငါးကြင်း ၏ ဝမ်းပျဥ်သားနှင့်ခေါင်းကိုစားလိုသည်ဟုဆို၏။ မြေခွေးကလည်း ဝမ်းဖျဥ်သားနှင့် ခေါင်းကိုငါသာစားလိုသည်ဟုဆိုလေ၏။ မြေခွေးနှင့် ဖျံတို့သည်အငြင်းအခုံ ဖြစ်ကြ၍ငါတို့ဘုရား အလောင်းယုန်မင်းရော သို့သွားကြကုန်အံ့ဟုဆိုကြ၏။ ယုန်မင်းလည်းဤသို့ဆို၏။ သင်တို့ နှစ် ကောင်သည်အဘယ်ကြောင့် အငြင်းအခုံဖြစ်ကြသနည်း။ အဆွေ ခင်ပွန်းမပျက်ကောင်းဖြစ်သော ကြောင့်နောင်သောအခါ ဖျံသည်ငါး ကြင်းရသော်ငင်း၊ မြေခွေးသည်သမင်၊ ဒရယ်ရသော်ငင်း၊ ငါယခုဝေ ပေးသကဲ့သို့ဝေ၍ စားကြကုန်ဟူ၍ အမြီးကခေါင်း တိုင်အောင်ခွဲဝေ၍ ပေးလေ၏။ မြေခွေးနှင့်ဖျံသည်နှစ်သက်ဝမ်းသာကြကုန်၏။ ဤသို့ဘုရားလောင်းယုန်မင်း ဆုံးဖြတ်ဘိသကဲ့သို့ မင်း၊ အမတ်၊ စစ်သူကြီးတို့သည် ဆုံးဖြတ်ပေးကုန်ရာ၏။

ANALYSIS

ရေးသောအခါ မြွေခွေးနှင့်ဖျံသည် ခင်ပွန်းမိတ်ဆွေဖွဲ့၍ မြစ်ကမ်းနား၌အစာရှာကြလေသော်ဖျံ သည်ငါးကြင်းတကောင်ကိုရလေ၏။ In farmer times, a fox and an otter, living in close friendship, having sought food on the bank of a river, the otter obtained a Kyin fish. မြေ earth. ခွေး a dog a fox. ဖျံ an otter. နှင့် with, and. ခင်ပွန်း husband or wife, fr. ခင် to be attached to and ပွန် to rub against. မိတ်ဆွေ a friend မိတ် fr. P. မိတ္တော a friend ဆွေ to be related to; ခင်ပွန်း မိတ်ဆွေ a relationship as close as that of husband and wife. ဖွဲ့. to be united; to bind together. မြစ် a river ကမ်း back. အနား an edge, fr. နား to be near. အစာ food. ရှာ to search for သော် past-continative. ငါး a fish, usually precedes the names of all fish. ကြင်း the name of the fish (kind of large gudgeon). ငါးကြင်း pronounced ngagying.

ဖျံကလည်း ထိုငါးကြင်း၏ ဝမ်းဗျည်းသားနှင့် ခေါင်းကိုစားလို သည်ဟု ဆို၏။ The otter said, (I) want to eat the head and body of that ngagyin.'

ဝမ်း the belly, ဗျည် flat (some write it ပျည်း tought), သား flesh; ဝမ်းပျည်သား the flabby part of the belly peculiar to fishes and some other creatures. ခေါင်း a head. စား to eat လို to desire. used as an aux, verb.

မြေခွေးကလည်းဝမ်းပျည်းသားနှင့်ခေါင်းကိုငါသာစားလို သည်ဟုဆိုလေ၏။ The fox also said, 'I alone wish to eat the head and body.'

မြေခွေးနှင့်ဖျံတို့.သည်အငြင်းအခုံဖြစ်ကြ၍ငါတို့.ဘုရားအလောင်းယုန်မင်းနေ ရာသို့. သွားကြ ကုန်အံ့ဟုဆိုကြ၏။ The fox and other being at variance said, 'Let us go to the abode of the Hare-King, our embryo Lord.' တို့ the plural affix is often used after two or more nouns in apposition or conjunction. အငြင်းအခုံဖြစ် The verbal noun, with ဖြစ် or ရှိ to be, is often used instead of the simple verb. ငါတို့.ဘုရား our Lord, i.e the object of worship of us (men). ဘုရား any person or object worshiped. ယုန် a hare (one of Gotama Buddha's former states of existence) သွားကြ ကုန်အံ့ we will go, let us go.ယုန်မင်းလည်း ဤသို့.ဆို၏ The Hare-King also said thus; လည်း also; evidently connected with. လည်း to turn, i.e. in turn. ဤသို့ thus, in this (manner).

သင်တို့နှစ်ကောင်သည် အဘယ်ကြောင့် အငြင်းအခုံဖြစ်ကြသနည်း။ Why are you two (animals) at variance?

သင် thou. အဘယ်ကြောင့် why, on account of what? . နည်း inter affix. အဆွေခင်ပွန်းမပျက်ကောင်းဖြစ်သောကြောင့်နောင်သောအခါဖျံသည်ငါးကြင်းရသော်ငြင်း၊ 'Because it is not right (that your) friendship be destroyed, hereafter if either the offer gets a nagagyin, ပျက် to be destroyed. နောင် future time သော် cont gives force of 'if'. ငြင်း for. လည်းကောင်း followed by another ငြင်း either ----- or.

မြေခွေးသည် သမင်၊ ဒရယ်ရသော်ငြင်း၊ Or if the fox gets a red deer or hog deer, သမင် a kind of elk found in the plains. ဒရယ် or ဒလယ် a small deer, *cervus porcinus*. ကို the objective is some times omitted. ငါ ယခုဝေပေးသကဲ့သို့ ဝေ၍စားကြကုန်ဟူ၍ အမြီးကခေါင်း တိုင်အောင် ခွဲဝေ၍ပေးလေ၏ ။ as I now divide (and) give. Divide and eat;' saying (thus) (he) split (and) divided from the tail as far as the head and gave (it to them).

ယခု now. စားကြကုန် do ye eat (imper). ဟူ to say. အမြီး a tail တိုင်အောင် as far as. တိုင် to arrive; အောင် the verb to overcome' used as an auxil. to denote in order to. ခွဲ or ခွဲ to split lengthwise.

မြေခွေးနှင့်ဖျံသည် နှစ်သက်ဝမ်းသာကြကုန်၏ ။ The fox and the otter were pleased.

နှစ် heart သက် to settle down. To be moderate ဝမ်း belly သာ to be pleasant. The whole denoting two kinds of pleasurable sensation.

ဤသို့ ဘုရားလောင်းယုန်မင်းဆုံးဖြတ်ဘိသကဲ့သို့ မင်း၊ အမတ်၊ စစ်သူကြီးတို့သည် ဆုံးဖြတ်ပေးကုန်ရာ၏ ။ Thus as the embryo Lord, the Hare-King decided, kings, nobles, and judges ought to decide and give.

မင်း coming before nobles is translated 'king' but by itself merely means 'a person in authority' in its original sense it probably meant 'to be old' စစ်သူကြီး here means 'a judge' from စစ် to filter; it can also mean 'a general' from စစ် warfare ပေး to give.

25

NOTE

The following proverbs and their explanation are attached to this story;
အိပ်သောသူကိုမနှိုးရာ။နိုးသောသူကို မထစေရာ။ ထိုင်သောသူကိုထဟူ၍ မဆိုရာ။ အိပ်သောသူကိုမနှိုးရာ။ One should not arouse a sleeping person.
နိုးသောသူကို မထစေရာ။ One should not cause the person who is awake to get up.
ထိုင်သောသူကိုထဟူ၍ မဆိုရာ။ One should not say 'get up' to the person who sits.
အဓိပ္ပါယ်ကား As for the meaning;
သူ့ဥစ္စာ ကိုမျက်မုန်းမကြိုးရာ။ One should not envy another's goods.
လောကဘတပ်မက်ခြင်းမရှိရာ။ One should not be covetous.
မိမိလိုအပ်သော ဥစ္စာကိုမယူဘဲနေခြင်း။ Remaining without taking goods which one ought to wish for i.e. self-restraint as regards the use of our own wealth.

ANALYSIS

အိပ် to sleep, lie down. နိုး to be awake. နှိုး to cause to awake. မ not. ရာ to be suitable, should. ထ to arise. စေ causative affix. သူ့ or ထု genitive of သူ a person, another. ထိုင် to sit. ဟူ to say. ၍ for ရွှေ verbal conjunction. ဆို to say. These two verbs are constantly used together either as ဟုဆို၏ or ဟူ၍ဆို၏။ အဓိပ္ပါယ် (pronounced Adeikpe) for P. အဓိပ္ပါယ် Adhippaya, meaning, intention. The Burmese constantly write it wrongly with it wrongly with ဗ b for ပ p ကား as regards. ဥစ္စာ (pronounced aksa) ; from P uccaya, accumulations, weath. မျက်မုန်းကြိုး to feel ill-will, envy; မျက် eye; မုန်း to hate; ကြိုး to make an effort. The first two words. မျက်မုန်း eye-hatred, are one noun, therefore the negative မ is inserted before the verb, This rule is not explained in, but is most important, viz; 'When a verb is composed of a noun and verb, the negative particle must come before the verb; thus ဝမ်းမြောက် to be joyful; ဝမ်း မမြောက် not to be joyful; the literal meaning is ဝမ်း belly; မြောက် to be raised. လောဘ

P. covetousness; တပ်မက်ခြင်း။ (B. equivalent) fr. ထပ် to have an appetite for; မက် to covet; ခြင်း the verbal noun formative. မိမိ self. လို to wish for. အပ် ought. ယူ to take; မ ဘဲ without (J. § 117). နေ to remain; this verb is often used with other verbs, somewhat as we use the verb to be, and need not in such cases be translated as ငါလုပ်နေသည် I work or I am working.

၃။ သဘော်သူကြီးနှင့် ဆိတ်ကျောင်းလုလင်တို့ တရားပြုကြသည့်အကြောင်း။

The Account of the Law-case of the Goatherd and the Captain of the Ship.

ANALYSIS OF HEADING

ဆိတ်ကျောင်းလုပ်လင် a goatherd; ဆိတ် a goat; ကျောင်း to head; လုလင် or လူလင် a young man. တရားပြု to prosecute, go to law.

ရှေးသရောအခါ။ သဘော်သူကြီးတစ်ယောက်သည် ကုန်သွယ် ရန်သွားလေသော် သမုဒ္ဒရာ ကမ်းတစ်ဖက်သို့ရောက်လေ၏။ ကမ်းနား ၌ ဆိတ်များကို လူတစ်ယောက်ကျောင်းလေသော်သဘော် သူကြီး၏ ဆိတ်မသည် ဆိတ်ထီးသို့လိုက်ချေသော်မိမိဆိတ်မကို ဆိတ်ထီးရှင်ထံ ကတောင်းလေ၏။ မအပ်မပေးသောကြောင့် တရားစစ်မည်ဟူ၍ တရားစစ်သူကြီးထံသို့ရောဝလေ၏။ ဆိတ်မကား ဆိတ်ထီးနောက်သို့ လိုက်သည်ဖြစ်သောကြောင့် ဆုံးကောင်းလေ၏။ ဆိတ်ထီးပိုင်ကောင် လေ၏။ ဤသို့ ဆုံးဖြတ်လေသတည်း။ ထိုသို့ဆုံးဖြတ်လေ သည်နေဝသဘော်သူကြီးမသက်သာ၍ လက်ဆောင် တံစိုးနှင့် စစ်သူ ကြီးသမီးတို့စေလေ၏။ ထိုသို့အကြိမ်များစွာစေသောကြောင့် စစ်သူကြီး သမီးသည် သဘော်သူကြီးရှိရာသို့ သွားလေ၏။ ရောက်လေလျှင် မသွားရဘဲထားလေ၏။ စစ်သူကြီးလည်း ငါ့သမီးကိုလိုသည်ဟု တောင်းသော်မပေးဘဲနေလေ၏။ အငြင်းအခုံဖြစ်၍ မင်းထံသို့ ရေဝ သော်အရှင် မင်းကြီး၊ယမန်ကားအကျွန်ုပ်ဆိတ်မသည် ဆိတ်ထီးသို့ လိုက်ချေ၍ သူအိမ်သို့ရောက်သည်ရှိသော် ဆိတ်ထီးရှင်ပိုင်ကောင်း သင့်သည်ဟု စစ်သူကြီးဆုံးဖြတ်ချက်ရှိပြီတကား။ ယခုလည်း ထိုစစ်သူကြီး သမီး အကျွန်ုပ်ရှိရာသို့ လာပြီးသော်အကျွန်ုပ် ပိုင် ကောင်းလေအံ့ဟု ဆို၏။

ရှေးဆင့်ခြေဆိုပြီးရှိသောကြောင့် သင်္ဘောသူကြီးသည် စစ်သူ
ကြီးသမီးကိုပိုင်ခွင့်ရလေ သတည်း။
ထို့ကြောင့် ယောက်ျားရှိရာသို့ မိမ္မလာသော်အပြစ်ကင်း စေသ တည်း။

ANALYSIS

ရှေးသရောအခါ သင်္ဘောသူကြီးတယောက်သည် ကုန်သွယ်ရန်သွားလေသော်
In former times, a ship's captain having gone for (the purpose of) trading.

သရော an amplification of သော not often used. သင်္ဘော် a short way of writing. သင်းသော. a ship; probably derived from သင်း to unit; ဖော to be swelled, to float; သူကြီး a captain, head man. ၀၀ one ယောက် the numeral adjective for human beings. ကုန် merchandise; သွယ် to draw out long (as in conversation), higgle; ကုန်သွယ် to trade ရန် verbal formative for ; fr ရန် to set apat.

ဥမုဒ္ဓရာ ကမ်းတဖက်သို့ရောက်လေ၏။ arrived at the other side of the ocean.

ဥမုဒ္ဓရာ S Samudra (B. pronounce *Thamkdaya*), the ocean, sea. ကမ်း a bank, shore. အဖက် a said; ၀၀ one, gives the idea of the other ရောက် to arrive.

ကမ်းနားဉ္ဆိတ်များကို လူတယောက်ကျောင်းလေသော် သင်္ဘောသူကြီး၏ ဆိတ်မသည် ဆိတ်ထီးသို့လိုက်ချေသော် မိမိဆိတ်မ ကို ဆိတ်ထီးရှင်ထံကတောင်းလေ၏။ A man having herded goats upon the shore, an the captain's shegoat having followed a he-goat, (he) demanded his she-goat from the owner of the he-goat.

အနား an edge. ဆိတ် a goat. များ plur affix. သူ a man (homo). ကျောင်း to herd. လိုက် to follow. ချေ euphony affix. မိမိ his, of himself. ဆိတ်ထီး a he-goat; ဆိတ်ဖ is the common form. အရှင် an owner. ထံ or အထံ the presence of a person; commonly used to denote that one person actually presented himself before the other. တောင်း to demand.

မအပ်မပေးသောကြောင့် တရားစစ်မည်ဟူ၍ တရားစစ်သူကြီး ထံသို့ရေခံလေ၏။ Because (he) did not give it up (the captain) went before a judge, saying, '(I) will have the law (of the case) sifted.'

အပ် to hand over. ပေး to give. စစ် to strain, sift, investigate. ဟု to say.

ဆိတ်မကားဆိတ်ထီးနောက်သို့ လိုက်သည်ဖြစ်သောကြောင့် ဆုံးကောင်းလေ၏။ (The judge said) 'As for the she-goat, because (she) followed after the he-goat it is right that (she) should be lost.

ကား nom.affix. နောက် behind လိုက်သည်ဖြစ်=လိုက်။ The verbal noun and substantive verbs. ဖြစ် or ရှိ to be, are often used for the simple verb. ဆုံး to come to and end, be lost. ကောင်း to be good, right.

ဆိတ်ထီးပိုင်ကောင်းလေ၏။ ဤသို့ဆုံးဖြတ်လေသတည်း။ 'The he-goat ought to own (her).' Thus (he) decided.

ပိုင် to own. ဆုံးဖြတ် to decide. သတည်း strong assertive affix.).

ဤထိုသို့ဆုံးဖြတ်လေသည်နောက်သင်္ဘောသူကြီးမသက်သာ၍ လက်ဆောင်တံစိုးနှင့် စစ်သူကြီး သမီးသို့စေလေ၏။ After it was thus decided, the ship-captain not being satisfied, sent (some one) with presents and bribes to the judge's daughter.

နောက် behind, after. သက်သာ to be pleased. ၍ for ရွှေ့ connective (J. § 109). လက်ဆောင် a present; fr. လက် hand, ဆောင် to carry တံစိုး (pronounced တံစိုး ta-zo) a bribe. စေ to send.

ထိုသို့ အကြိမ်များစွာသောကြောင့် စစ်သူကြီးသမီးသည် သင်္ဘော သူကြီးရှိရာသို့သွားလေ၏။ Because (he) sent thus very many times, the judge's daughter went to the ship-captain's place.

အကြိမ် a time, fr. ကြိမ် to meet with. စွာ very; as a verb to exceed. ရှိရာ verbal noun of ရှိ to be

ရောက်လေလျှင်မသွားရဘဲထားလေ၏။ စစ်သူကြီးလည်း ငသ မီးလိုသည်ဟုတောင်းသော် မပေးဘဲနေလေ၏။ When (she) came, without letting (her) go (he) kept (her). The judge also having demanded, saying, 'I want my daughter.' (he) remained without giving (her).

လျှင် continuative affix, often translated 'when' ရောက် to arrive. မ ဘဲ without. ရ to be able; gives the idea to permission. ထား to place, to keep. လို to desire. တောင်း to demand. နေ to remain=do (did not give).

အငြင်းအခုံဖြစ်၍ မင်းထံသို့ရောက်သောအရှင်မင်းကြီး ယမန် ကားအကျွန်ုပ်ဆိတ်မသည်ဆိတ် ထီးသို့လိုက်ချေ၍ သူအိမ်သို့ကရေခံ

သည်ရှိသော် ဆိတ်ထီးရှင်ပိုင်ကောင်းသင့်သည်ဟု စစ်သူကြီးဆုံး ဖြတ်ချက်ရှိပြီတကား။။ There being a quarrel, and having come before the king (the captain said), 'O Lord King, only a short time since, my she-goat, following a he-goat, arrived at another's house, and the judge's decision was, 'The owner of the he-goat ought to own (her)'.

အရှင် O lord, မင်း ruler, with ကြီး to be great, added, generally means king, as in Pali, Maha-raja. ယမန် time just past. ကား. အကျွန်ုပ် I your servant, more respectful than. ကျွန်ုပ် လိုက် to follow. ချေ euph affix. သူ့ possessive case of သူ a person, another အိမ် a house. အရှင် a mastr သင့် to be proper. အချက် subject, matter. ပြီ past affix, a form of the verb. ပြီး to be completed. တကား an exclamation like 'forsooth'.

ယခုလည်း ထိုစစ်သူကြီးသမီးအကျွန်ုပ်ရှိရာသို့ လာပြီးသော်အကျွန်ုပ်ပိုင်ကောင်းလေအံဟုဆို ၏။။ "Now also that judge's daughter having come to my place, I ought to own (her); he said.

ယခု present time, now. လေ euphony affix. အံ့ future affix; is used to denote probability; i.e the assertion is not positive.

ရှေးဆင်ခြေဆိုပြီးရှိသောကြောင့် သတော်၁သူကြီးသည် စစ်သူကြီးသမီးကိုပိုင်ခွင့်ရလေ သတည်း။။ Because the former pleading was stated, the ship-captain obtained permission to own the judge's daughter.

ဆင်ခြေ a pleading, argument ပြီး to be complete, finished. အခွင့် permission.

ထို့ကြောင့် ယောက်ျားရှိရာသို့ မိမ္မလာသော်အပြစ်ကင်း စေ သတည်း။။ Therefore if a woman come to a man's place, let (him) be free from blame.

ထို့ကြောင့် on that account. ယောက်ျား or ယောက်ျား a man (vir). မိမ္မ or မိန်းမ a woman. အပြစ် blame, fault, punishment; fr. ပြစ် to throw at. ကင်း to be free from. စေ imp affix, let be.

NOTE

ဆင်ခြေ Judson says this word is derived from. ဆင် elephant, ခြေ foot, on account of a well-known story, but the more probable derivation is fr. ဆင် to state a case, ချေ to make answer, refute.

ဒေါသကြီးလှသော ရတ္တိဣ္ဆသရိ သတို့သမီး၏ အကြောင်း။
The Account of the very Passionate Girl, Ratti Ithari.

ANALYSIS OF HEADING

ဒေါသ P. anger ကြီး to be great. လှ to be pretty = very. ရတ္တိဣ္ဆသရိ *Ratti Isari* (or as B. pronounce *Ratti Ithari*) an Indian woman's name. သတို့ this word prefixed to သား or သမီး gives an idea of gentility; always pronounced *thado*.

ကောဏ္ဍညဘုရားလက်ထက်တော်၌ ရတ္တိဣ္ဆသရိသတို့သမီး သည် တခုသော နိဂုံးရွာ၌ နေ၏။ မာန်ကြီးသည်ဖြစ်သောကြောင့် လင် ကိုမကြည်ဖြူ၍တပါးသောနိဂုံးရွာသို့ သွားလေ၏။ ခရီးဝေး၍ပင် ပန်း သောကြောင့် ထန်းပင်ရိပ်တွင်နားနေ၏။ နားရာတွင် သူငယ်အိပ်စိမ့် မည်ဟူ၍ ပုဆိုးခင်း၍သိပ်လေ ၏။ ကျူးလည်းပျံလာ၍ ထန်းသီးပေါ်၌ နားလေ၏။ ထန်းသီးလည်းမှည့်လျက်သူငယ်ထိပ်တတ်ကျ၍ သေလေ ၏။ သားသေသည်ကိုမြင်လျှင် မျက်ရည်ယိုလျက်သားအကောင် ကို ပိုက်၍ ကျီးပျံရာသို့လိုက် လေ၏။ လယ်ထွန်ယောကျ်ားကမ်း စင်း ရိုး၌ထားသောထမင်းထုပ်ကို နေ့တိုင်းကျီးစားသောကြောင့် ထောင်လေ သောကျော့ကွင်းတွင်မိလေ၏။ မိသောကျီးကိုယူမည်လာသော် လယ် ထွန်ယောကျ်ားက လည်း ဤကျီးသည်ငါ့ကျီးတကားဟုဆို၏။ သူငယ် အမိကလည်းမင်းကျီးဖြစ်တကား။ ငါ့သားကို သတ်သင့်သလော ဟု ဆို၏။ အငြင်းအခုံဖြစ်ကြ၍ ပညာနည်းသောတရားသူကြီးထံ တရား ဆင်လေ သော် ယောကျ်ားလျော်ကောင်းချေသည်ဟုဆုံးဖြတ်လေ၏။
လယ်ထွန်ယောကျ်ားမသက်သာ၍ ပညာရှိ သောတရားသူကြီးရှေ့တွင် ဆိုလေသော်တရားသူကြီးက ဤစကားသည်။ သင့်လင်နှင့်ရန်ဖြစ်၍ တရွာ သို့သွားရာတွင်ခရီးဝေး၍ ထန်းပင်ရိပ်တွင်နားလေ၏။ သူငယ်ကို လည်း သိပ်ထားလျှင် သူငယ်အိပ် ပျော်စည်တွင်ထန်းသီးမှည့်ကျ၍ သေ ခဲ့သော်သင့်လင်နှင့် ရန်ဖြစ်သောအမှုကြောင့် သာသူငယ်သေ သည်။ သို့ဖြစ်၍ လယ်ထွန်ယောကျ်ားနှင့်တကွသားတယောက်ကို ရအောင် ပြုလော့။ သားရမှ လင် အားအပ်ပေးစေဟူ၍ ဆုံးဖြတ်လေသတည်း။။

31

ANALYSIS

ကောက္ကသံဘုရားလက်ထက်တော်၌ ရတ္တိဣဿတို့သမီးသည် တခုသော နိဂုံးရွာတွင်နေ၏။ In the era of the Lord Koukkathan, a yaung lady (named) Ratti Ithari dwelt in a certain small town.

ကောက္ကသံ (pronounced *Kaukkathan*) for P Kakusandho, one of the twenty-four Buddhas. ဘုရား (pronounced hyaya) fr ဖူး to beold with reverence, and ရာ thing; is used to denote any oject of worship. ထက်ထက် the ascendancy or reign of ,fr ထက် a hand, and ထက် to be up နိဂုံး for P. နိဂမော a market-town. ရွာ a village (large or small)

မန်ကြီးသည်ဖြစ်သောကြောင့် လင်ကိုမကြည်ဖြူ၍ ထပါးသော နိဂုံးရွာသို့သွားလေ၏။ Because (she) was very proud, not being pleased with (her) husband, (she) went to another town.

မန် for P. မာနော pride. လင် a husband. ကြည်ဖြူ to be well disposed towards. Lit. to be clear and white; ကြည်ညို (clear and dark) has the same meaning. တပါး another.

ခရီးဝေး၍ပင်ပန်းသောကြောင့် ထန်းပင်ရိပ်တွင်နားနေ၏။ နားရာတွင် သူငယ်အိပ်စိမ့်မည်ဟူ၍ပုဆိုးခင်း၍ သိပ်လေ၏။ The distance being long, because (she) was weary, (she) sat down in the shade of a palm-tree. Whilst resting (she) spread (her) waist-cloth, saying, '(I) will put (my) child to sleep.'

ခရီး distance between two places. ဝေး to be far. ပင်ပန်း to be weary. ထန်း a palm with large round fruit. အပင် a tree, plant. အရိပ် shade, shadow. နား to stop, alight. တွင် in, has force of whilst. သူငယ် (pronounced *thange*) little person, child, fr. သူ person, ငယ် to be little. စိမ့် for စေအံ့ will cause. ဟူ to say (expressing interntion). ပုဆိုး a waist-cloth (pronounced *paso*) ခင်း to spread. သိပ် to put to sleep (transitive of အိပ်)

ကျီး လည်းပျံလာ၍ ထန်းသီးပေါ်၌နားလေ၏။ ထန်းသီးလည်း မှည့်လျက်သူငယ်ထိပ်ထက်၌ သေလေ၏။ A crow also came flying and perched on a palmfruit. The palm-fruit also being ripe, fell on the head of the child, and (it) died.

ကျီး a crow. ပျံ to fly. အသီး a fruit. အပေါ် the upper part, secondary noun (J. § 74). မှည့် to be ripe. ထိပ် the top, head အထက် the upper part. ကျ to fall, drop. သေ to die, to be still.

သားသေသည်ကိုမြင်လျှင် မျက်ရည်ယိုလျက်သားအကောင် ကို ပိုက်၍ ကျီးပျံရာသို့ လိုက်လေ ၏။ When (she) saw that the child was dead, (her) eyes streaming with tears, and hugging the body of the child, (she) followed to the place the crow flew.

မြင် to see. မျက်ရည် tears (Lit eye-liquid). ယို to leak, trickle. လိုက် to follow.

လယ်ထွန်ယောက်ျားကမ်းစင်းရိုး၌ ထားသောထမင်းထုပ်ကို နေ့တိုင်းကျီးစားသောကြောင့် လောင်လေသောကျော့ကွင်းတွင်မိလေ၏။ The crow, because it eat every day a ploughman's packet of rice which he placed on a ridge, was caught in a mare which (he) had set. လယ်ထွန်ယောက်ျား field ploughman; လယ် an open field (usually applied to rice cultivation); ထွန် to plough. ကမ်းစင်းရိုး a ridge for dividing the small pond-like patches in which rice is planted; fr. ကမ်း a bank, စင် to extend in a line. ရိုး a bone, ridge (pronounced *kazinyo*) ထမင်း boiled rice. အထုပ် a packet, bundle. From . ကမ်း to ကို is as it were all own word, making the preceding composite word in the gentive. နေ့ day,fr. နေ the sun. ထိုင်း every,fr. တိုင်း to measuer, estimate. ထောင် to set a trap, set upright. ကျော့ကွင်း a snare, fr. ကျော့ to catch in a noose. ကွင်း to bend into a ring (conf ကြော a sinew). မိ to be caught, catch.

NOTE ကျီး is the nominative noun the sentence.

မိသောကျီးကိုယူမည်လာသော်လယ်ထွန်ယောက်ျားကလည်း ဤကျီးသည်ငါ့ကျီးတကားဟုဆို ၏။ (She) having come to take the crow which was caught, the cultivator said,'This crow, indeed, is my crow."

ယူ to take. မည် fut assert affix. Often used to denote intention. ဤ this. ငါ့ for င possessive of ငါ I.

သူငယ်အမိကလည်းမင်းကျီးဖြစ်တကားငါ့သားကို သတ်သင့်သ လောဟုဆို၏။ The child's mother also said, 'Supposing it is your crow, ought it to kill my child?"

အမိ mother. မင်း of you. It appears now to be recognized that those nouns which admit of a short sharp accent always take it in the genitive case if. ၏ be omitted, even thought the accent be not shown in writing. တကား an exclamation which can be translated in various ways. သတ် to kill. သင့် to be proper; ought

အငြင်းအခုံဖြစ်ကြ၍ ပညာနည်းသောတရားသူကြီးထံ တရား ဆင်လေသော် ယောကျ်ားလျော် ကောင်းချေသည်ဟု ဆုံးဖြတ်လေ၏။ (They) quarreling, stated the case before a judge of little wisdom, and (he) decided, 'It is right for the man to pay a fine."

နည်း to be few. တရားဆင် to state a case; ဆင် to put in order or line. လျော် or ရော် to forfeit .ချေ euphony. affix.

လယ်ထွန်ယောကျ်ားမသက်သာ၍ ပညာရှိသော တရားသူ ကြီး ရှေ့တွင်ဆိုလေသော် တရားသူကြီးက ဤစကားသည် သင့်လင်နှင့် ရန်ဖြစ်၍ တရွာသို့.သွားရာတွင် ခရီးဝေး၍ ထန်းပင်ရိပ် တွင်နားလေ၏။ The cultivator not being satisfied, having stated the case before a wise judge, the judge said, 'This is the case, quarrelling with your husband whilst going to another village, (you) the way being long, rested in the shade of a palm-tree.

ဤ this. စကား word, i.e, this is how the case stands ရန်ဖြစ် to quarrel; ရန် strife; ဖြစ် to be သွားရာတွင် in the act of going, i.e. whilst going.

သူငယ်ကိုလည်းသိပ်ထားလျှင်သူငယ်အိပ်ပျော်စည်တွင် ထန်း သီးမှည့်ကျ၍သေခဲ့သော်သင့် လင်နှင့်ရန်ဖြစ်သော အမှုကြောင့် သာ သူသည်သေသည်။ "Having also put the child to sleep, while the child was fast asleep, a ripe palm-fruit falling, it died; only because (you) quarreled with (your) husband the child died.

လည်း also. ထား to place. လျှင် cont affix., gives the force of 'having'. အိပ် to lie down. ပျော် to be sound asleep, စည် or စည် to place in a row; whilst. ကျ To drop. ခဲ့ past affix.. အမှု an act, affair, fr. မူ to do, ကြောင့် on account of. သာ only.

သို့ဖြစ်၍ လယ်ထွန်ယောကျ်ားနှင့်တကွသား ထယောရ အောင် ပြုလော့။ သားရသင့် လင်အား အိပ်ပေးစေဟူ၍ ဆုံးဖြတ်လေသတည်း။ 'That being so, act with the ploughman so us to get a child, after getting a child, let it be given to your husband: ' (thus) saying he gave a decision.

သို့ဖြစ်၍ = ဤသို့ဖြစ်၍ being of this sort, however. တကွ or အကွ ,fr. ကွ to be with, together with. ရ to obtain. အောင် in order to. ပြု to do. လော့ imp.affix. မှ after; is the ablative affix used with a verb treated as a noun. အား to. အပ် to hand over. ပေး to give. စေ causative imperat. affix.. တူ to say.
[N.B. ------- After this only short notes are given, without translation.]

မိုက်လှစွာသော ပုဏ္ဏားနှင့် တောခွေးအကြောင်း

The account of the very foolish Brahman and the Wild Dog.

ရှေးသရောအခါ။ သုမန ဘုရားလက်ထက်တော်၌ ဂိရိကဏ္ဍ ပြည် တွင် အဓိမန္တပုဏ္ဏား သည်နေ၏။ တစ်နေ့သ၌ တောခွေးတစ်ကောင် သည်မြို့သို့လာ၍ သူတို့ပစ်ထိုက်သောအရိုး အဖတ်ကို စား၏။ မိုယ် သေခံခဲ့သော် ဘေးကိုကြောက်သောကြောင့် တောသို့ဝင်တတ်၏။ ထိုအခါ၌ အဓိ အန္ဓပုဏ္ဏားသည် ကိုယ်လက်သုတ်သင်အံ့သောငှာ ခြုံ သို့ဝင်သည်ရှိသော် တောခွေးကိုမြင်လျှင် လုံတန် ကို ကိုင်၍ဝင်လေ၏။ ထိုခွေးသည် ကြောက်သဖြင့် အရှင်ပုဏ္ဏား၊ အကျွန်ုပ်အသက်ကို သတ်၍ အဘယ်အကျိုးရှိအံ့နည်း။ အရှင်ပုဏ္ဏား မသတ်ပါလင့်။ ရွှေနှစ်ထောင် ပေးပါမည်ဟူ ဆို၏။ ပုဏ္ဏား လည်းခွေးစကားကိုကြားလျှင် စည်းစိမ်၌ တပ်သည် ဖြစ်၍ နှင့်ကို ငါမသတ်။ နင်ပေးမည် ဆိုသည်အ တိုင်း သာပေးတော့ဟု ဆို၏။ အရှင်ပုဏ္ဏား ဤအရပ်၌ အတီမှာလျှင် ရချေအံ့နည်း။ ငါ့နေရာ သို့ ငါ့ကိုဆောင်ပါမှ ပါပေးရအံ့ဟု ဆို၏။ ဟဲ့ ခွေး နင်ကားတောသူတည်း။ နှင့်ကိုငါဆောင်၍မသင့် တကားဟုဆို၏။ ခွေးကလည်း အရှင်၊ ဤသို့ဆိုလျှင် ပုဆိုးကိုပုခက်ပြု၍ ပုဆိုးနှင့် ငါ့ကိုလွယ်သော် မြင်သူများလည်းသား၊ မြေးမုတ်ကြလိမ့်မည်ဟု ဆိုသတည်း။ ပုဏ္ဏားသည်ဥစ္စာကို တပ်မက် သောကြောင့် သင့်စကား သည်သင့်လှပေသည်ဟူ၍ ခွေးဆိုတိုင်းလွယ်သွားလေ၏။ ခွေးနေရာ သို့ရောက်လျှင် ခွေးက အရှင်ပုဏ္ဏား၊ ငါ့ကိုမသတ်ပေလျှင် ကျေးဇူး ကြီးလှပေစွ။ ရွှေနှစ်ထောင် ယူချေအံ့။ နေဝင်သည်တိုင်အောင် အရှင် နေလင့်ပါဟုဆိုပြန်၍ တောထဲသို့ဝင်လေ၏။
ထိုပုဏ္ဏားလည်း တစ်နေ့ပတ်လုံး မျှော်လင့်၍ နေရှာခဲ့သတည်း။ ခရီး သွားသော ယောကျာ်းတစ်ယောက်သည် ပုဏ္ဏားကိုမြင်လေသော် အံ့

ပုဏ္ဏားအဘယ်ကိုမျှော်၍ နေသနည်းဟု မေးသော် ပုဏ္ဏားလည်း ခွေးဆိုတိုင်းကိုပြောလေသည်။

ထိုစကားကိုကြားလျှင် ဤပုဏ္ဏားကား ခွေးထက်အလွန်မိုက် စွာ တကား။ အစားကိုမျှရှာ၍ မရနိုင်သောခွေးစကားကို ယုံလေပြီတကား။ သင့်နေရာသို့ပြန်လေတော့ဟု ဆိုမှ ပြန်ခဲ့သတည်း။

ထိုကြောင့် ပညာရှိသဘောသည် မယုံသင့်သောသူကို မယုံရာ။ စူးစမ်းဆင် ခြင်ရာ၏။ မယုံသင့်သောစကားကို ယုံချေသော် ယခင် ကဆိုခဲ့သော ခွေး၏ လှည့်စားခြင်းကို ခံသော ပုဏ္ဏား ကဲ့သို့တည်း။

NOTES

မိုက် to be dark (of intellect or otherwise). လှ to be pretty; used for 'very'. ပုဏ္ဏား a Brahman; this word is really a Pali word meaning 'religious,' but is now invariably used to denote a Brahman. သုမန name of a Buddhan : P. Sumano, happy. ဂိရိကန္ဓ P. thorn hill; name of some country (probably fictitious). အဓိမန္ဒ P. very stupid; the Brahman's name တစ်နေ့သ၌ one day. မြို့ a walled town. သူတို့ people. ပြစ်လိုက် to throw away: the verb ထိုက် to follow, is often used with other verbs to given an idea of motion. အရိုး bone. အဖတ် what remains after the juice is squeezed out, refuse; ဖတ် to be dry. မိုးသောက် the sky drinks (the light); early morning when it is light. ဘေး danger. ကြောက် to fear. ဝင်to enter. တတ် to be accustomed. ကိုယ်လက်သုတ်သင် to wipe the body with hand; ကိုယ် fr. P. တစ်ယောက် body, သုတ်သင် to cleanse, i.e. to perform the duties of nature. အံ့သောငှာ for the purpose of. ချုံ a cluster of bushes: prob. Same as ချုံ to cover, used as we use the word cover. လှံတန် or လှံတံ a staff, spear-shaft. ကိုင် to hold. ကြောက်သဖြင့် through fear. အရှင် lord, sir. အသက်ကိုသတ် to kill; သတ် (by itself) to smite, kill. အဘယ် what. အကျိုး advantage. လင့် imperat. affix., fr. လင့် to wait. ရွှေ gold. ထောင် thousand နှစ် two. စည်းစိမ် treasure; စည်း to be accumulated; စိမ် to be steep. ထပ် to lust after. နှင့် oblique case of နင် you. ပေးမည်ဆိုသည့်အတိုင်းသာ give only according as you said you will. အတီ an old form = အဘယ် what; လျှင်

intensive; အတီမှာလျှင် where on earth? ဆောင် to carry. ပါ to have with. ဟဲ့ Hah! နင်ကားတောသူတည်း as for you, you are a forest-person, i.e. you are a low uncultivated fellow. ပုဆိုး a waist-cloth. ပုခက် a cradle, sling. တွယ် to carry at the side. မြေး a grandson. မှတ် to think, note. လိမ့် for လေအ. ဥစ္စာ P.goods, money, accumulatations. တပ်မက် to covet, both have the same meaning. ငါ့ကိုမသတ်ပေသည်လျှင် since you have not killed me; ပေ euphony. ကျေးဇူးကြီးလှပေစွ I am very much obliged; ကျေးဇူး profit, obligation; စွ intensive affix., but often used as an assertive and closing affix. ယူ to fetch. နေဝင် sunsrt. တိုင်အောင် until. လင့် to wait. ပါ a polite affix standing for 'please.' ဆိုပြန် to reply. ပတ်လုံး the whole circuit of. မျှော် to expect. ရှာ qualifying affix. Denoting regret. ခဲ့ past affix. ခရီးသွားယောက်ျား a wayfarer, i.e. road-going man. အို O. ပြန်ပြော to relate. ခွေးထက် more than the dog. မျှ even. ရှာ to search for. နိုင် to be able. ယုံ to believe. ပြန် to return. ပညာရှိ wise men. သဘော nature, disposition; fr. P. သဘဘဝ sambhava. မယုံသင့်သောသူကိုမယုံရာ we should not believe a person who ought not to be believed. စူးစမ်း to test, probe; စူး to prick; စမ်း to try, feel. ဆင်ခြင် to consider. ရာ for လျှာ to be suitable, should. ယခင် just now. ဆိုခဲ့သော spoken of. လှည့်စား to deceived; the verb ခံ with a verbal noun forms the passive, as ရိုက် to beat, အရိုက်ခံ to be beaten.

မပေါင်းဖော်အပ်သော
သူကိုပေါင်းဖော်မိ၍အသက်မှဆုံးရကြသောသူသုံးယောက်တို့၏ အကြောင်း
The Account of the Three Persons who lost their lives through associating inadvertently with a person who ought not to be associated with.

ရှေးသောအခါ အမတ်သား၊ သူဌေးသား၊ မင်းသားတို့သည် တက္ကသိုလ်ပြည်မှာ အတတ်သင် ကြလေသော် တစ်ယောက်ကား အရီး လက္ခဏာကိုသင်၏။ တစ်ယောက်ကား ရုပ်လက္ခဏာကို သင်၏။ တစ်ယောက်ကား နံလက္ခဏာကို သင်၏။ တတ်ကြပြီးလျှင် ပြည်သို့ ပြန်သည်တွင် တော အုပ်တစ်ခု၌ ကျားသေ၏အရိုးကို တွေ့မြင် ကြ

လေလျှင် ဤသို့ကြကြလေ၏။။ ဤကျားရိုးကိုစွေစပ်၍ ကျားရုပ်ဖြစ်လျှင် အသက်သွင်း၍ ကျားရှင်ဖြစ်ကာလ ငါတို့နှင့်အတူသွား၍ သမင်၊ ဂျီ၊ စိုင်၊ ဆတ်များ ကိုကိုက်၍ရသော် ငါတို့စားရကြမည်။။ ရန်သူတွေ့ လျှင်လည်း ဤကျားဆီးတား၍ ငါတို့အန္တရာယ်မှ လွတ်တော့မည်ဟု ကြစည်ကြ၍ အရိုးလက္ခဏာတတ်သော သူသည်အရိုးအ တိုင်း စွေစပ် လေ၏။။ ရုပ်လက္ခဏာကို တတ်သောသူသည် ကျားရုပ်အ တိုင်း ဖြစ်စေလေ၏။။ နံလက္ခဏာတတ်သောသူသည် အသက်ကိုသွင်းလေ၏။။ ထိုသို့ အသက်ရှင်သော ကျားသည် သူတို့နောက်သို့လိုက်လေ၏။။ တောအုပ် မှ လွင်ပြင်သို့ရောက်ကြလေလျှင် ညောင်ပင်ကြီးအောက်တွင် သုံးယောက်အိပ်၍နေကြလေ၏။။ ထို ကျားလည်း လွင်ပြင်ကြီး၌ စားစ ရာမရှိသောကြောင့် အစာဝတ်လှသည်ဖြစ်၍ ထိုသုံးယောက်တို့တွင် တစ်ယောက်ကိုစား၍ အရိုးကို တစ်ပါးသို့ပစ်လိုက်လေ၏။။ နှစ်ယောက် သောသူတို့သည် နိုးကြလေ သော် ဤသို့ဆိုကြ၏။။ ဟယ် ကျား လုလင်တစ်ယောက်သည် ငါတို့ထံမှ ကွယ်ပျောက်ပုန်းရှောင်လေ ပြီ။ နင်နှင့် ငါတို့နှစ်ယောက်သာ ရှိတော့သည်။။ အမဲသားကိုရကြသော် ငါတို့နှစ်ယောက်ဝေစားရကြ မည်ဟု ဆိုကုန်၏။။ ကန္တာရရှီးသွား ကြ၍ရောက်ကြသော် ငါတို့နှစ်ယောက်ဝေစားရကြမည်ဟု တို့ကုန် ၏။။ ကန္တာရရှီးသွားကြ၍ တစ်ယောက်ကို စားပြန်၏။။ တစ်ယောက် ကျန် သောသူလည်း လုလင်တစ် ယောက်ရှောင်ပြန်လေပြီ။ တစ်ဖန်သော်ကား သမင်၊ ဒရယ်ရသော် ငါနှင့်ကျားသာ စားရတော့မည်ဟု ဆို၏။။ တစ်ခုသောတောအုပ်သို့ ရောက်ကြလျှင် ကျန်သောသူတစ်ယာက်ကို စားပြန်လေ၏။။ လုလင် သုံးယောက်တို့သည် သေခြင်းသို့ရောက်ကြ၏။။ ထို့ကြောင့် ပညာကိုနှစ်လုံးသွင်း၍ မပေါင်းဖော်အပ်သောသူကို မပေါင်းဖော်ကုန်ရာ၏။။

NOTES

ပေါင်းဖော် to associate with; ပေါင်း to collect and unite; ဖော် to keep company. အပ် to be proper. မိ qualifying affix. Implying inadvertence, carelessness. အသက်မှဆုံး to lose one's life, lit. to come to an end from life. အမတ် a noble; အမတ် may be derived from မတ် , the intransitive form of မှတ် to mark. သူဌေး from P. သည် (Setti) a banker. တက္ကသိုလ် (Tekkatho) for တက္ကသိလော P.

38

Takkasilo; S. Takshaçilā; the name of a celebrated town, Taxila. ပြည် country, city. အတတ် skill, science. သင် to learn. အရိုး bones. လက္ခဏာ P. characteristics, signs. ရုပ် for P. ရုပ် form နံ for P. နာမ soul, life. ပြန်သည် တွင် whilst returning. တောအုပ် a dense forest; အုပ် to cover. ခု numeral affix.. ကျား a tiger. တွေ့ to find. ကြံစည် to think, design. စေ့စပ် to join သွင်း to put in (transitive of ဝင် to enter). ရှင် to be alive. ကာလ P.time, used for 'when'. အတူ together with. သမင် a kind of elk. ဂျီ or ချေ the barking deer. ဆိုင် the wild ox. ဆတ် the red deer. ကိုက် to bite. ရန်သူ an enemy; ရန် strife. ဆီးတား to hinder, prevent, obstruct. အန္တရာယ် from P. အန္တရာယ် danger. ထွက် to escape. တော့ qualifying affix. Implying slight necessity or immediateness. အသက် breath, life = နံ soul, individuality. အသက်ရှင် = ရှင် to be alive. တွင်ကျင်း a plain free from trees. ညောင် the banyan tree. လယ်ပြင် an open plain, field. စားစရာ food. ငတ် to be hungry, thirsty. တွင် in, out of. တပါးသို့ elsewhere. နိုး to wake up. ထ or အထ presence. ကွယ်ပျောက် to disappear; ကွယ် to be concealed from view; ပျောက် to be lost, disappear. ပုန်း to hide oneself; ရှောင် to get out of the way, avoid. အမဲသား flesh, game. ကန္တာရ P. a forest, difficult road. ပြန် again. ကြွင်း to remain over. တစ်ဖန် another time, fr. ဖန် to make သော်ကား continuative and emphatic affix. ဒရယ် the hog deer (= *rosem rae*). ကျန် = ကြွင်း to remain over. နှစ်လုံးသွင်း to put into the heart, take heed; နှစ် or နှစ်လုံး the heart.

N.B. ----- The Burmans often write သူဌေး as သူဌေး because there is a word ဌေး to have in abundance, and so သူဌေး would mean 'rich person;' as the word is ဧ pelt with the cerebral t' ဌ = ဌ it is clear that it is derived from P. seṭṭhi, a banker.

အလွန်တရာ အရှက်ကြီးလှသော သဒွေးနှင့် ဆတ္တာသည် အကြောင်း။
The Account of the Barber and the Rich Man who was very much ashamed.

မေဒဂ်ဘုရားလက်ထက်တော်၌ တစ်ယောက်သော သဒွေးသည် မိမိမယားနှင့်အတူ ခရီးသွားကြ၏။ ညအခါ ဆတ္တာသည်အား ခရီးလွှဲ လေ၏။ ဆတ္တာသည်လည်း သဒွေး ခရီးလွှဲသည်ကိုမြင်လျှင် ငါသာ ခရီးလွှဲကောင်းသည်တကား။ သဒွေးလွှဲကောင်သလောဟု သဒွေးပါးကို ပုတ်လိုက်လေ၏။ သဒွေးလည်း ရှက်စရီ၍ သူတစ်ပါးသိမည်ကို စိုး သော ကြောင့် နှစ်ဦးစလုံး မသာလျှက်နေလေ၏။

တစ်ပါးသော သဒွေးတို့သည် အချင်းချင်းဆိုကြလေကုန်၏။ အစည်အတိုင်း မင်းကြီးကြားလေသတည်း။ သဒွေး ကို ခေါ်တော်မူ၍ မေးလေသော် တိတ်တိတ်နေလေ၏။ နှစ်ကြိမ်သုံးကြိမ်မေးသော် မင်း ကြီးလည်း အများဆိုတိုင်းဟုပ်ပေ သည်ဟု ဆိုလေ၏။ ဆတ္တာသည်ကို ခေါ်၍ မေးလေသော် ဟုပ်ပေသည်ဟု ဆိုလေ၏။ အကျွန်ုပ် လွှရမည် အဘို့ကို သဒွေးလွှဲသော့ကြောင့် ကျွန်ုပ်သည် သုပါးကို ပုတ်လိုက်ချေ သည်ဟု မင်းကြီးအား လျှောက်လေ၏။ သဒွေးလည်း စကား တခွန်း ကိုမျှမဆိုဘဲ ရှက်လွန်း၍ နောက်ခိုင်းထိုင်လေ၏။ မင်းကြီးလည်း ဆတ္တာသည်ကို သူသတ်တို့အား အပ်လိုက်၏။ လက်ခြေကို ဖြတ်၍ ဖောင်ပေါ်၌ မျှောလိုက်ဟုဆို၏။ ထိုစကားကို သဒွေးကြားလျှင် လက် ခြေကိုလည်း မဖြတ်ကြပါနှင့်။ ဖောင်ပေါ်၌လည်း မမျှောကြပါနှင့်ဟူ၍ ရွှေတကြပ်ကို သူသတ်တို့အားပေးလေ၏။ သူသတ်တို့လည်း ထိုစကား ကြားလျှင် မင်းကြီးအားလျှောက်ကြလေကုန်၏။ မင်းကြီးလည်း သဒွေး ကို ခေါ်၍ မေးလေ၏။ သဒွေး အဘယ်ကြောင့်မသတ်နှင့် ဟု ဆို သနည်း။ သဒွေးဆိုပြန်သည်ကား။ အရှင်မင်းကြီး၊ ပြည်တွင်သာ ဆတ္တာ သည်ကို အရှက်ကွဲပါစေ။ ဖေါင်ဖွဲ့၍ မျှောလေဘိက ဖေါင်တင်ရာ အရပ် အဘယ်ကြောင့် မျှောသနည်းဟု မေးလေသော် ငါ ခရီးလွှဲကောင်း သည်ကို သဒွေး တယောက်သည် ပြောင်းပြန်လွှဲသော့ကြောင်း ပါးကို ပုတ်မိချေသည်နှင့် အမျှောခံရသည်ဟု ဆိုလျှင်။ ယင်းသို့သော်ကား နင်မာန်စောင်ကြီးလှ၏။ တို့ပြည်နှင့် မတန်။ တဖန် မျှောလေသည် ရှိသော် ထိုသို့သော အရပ်ရပ်၌ ကြားနဲ့သည်ရှိလျှင် မကောင်းပါခဲ့ တကားဟု ဆိုလေ၏။ ထိုစကားကို မင်းကြီးကြား၍ များစွာသော ဆုလပ်ကို

သွေးအား ပေး၏။ သွေး ကလည်း ဆတ္တာသည်သည် ပါးကို ပုတ်သော့ကြောင့် ဤဉစ္စာကို ရသည်ဟု ဆတ္တာသည်ကို ပြန်ပေးလေ၏။ သို့ပြီးမှ သွေးလည်း ဦးခေါင်းကို ဆေးပြန်လေ၏။ ထို့ကြောင့် ပညာရှိတို့သည် ကကွယ်ရာ မြင်တိုင်းမဆိုကောင်း။ ခပ်သိမ်းသော အမှုတို့ကို ထင်ရှားစွာ သူတစ်ပါး တို့ကို ကြားအောင် မပြုရာ။ အပြစ်ရှိသော သူတို့ကို အပြစ်မတင်သော်လည်း ဘေးရောက် လေသည်ဟူ၍ ဆိုကြလေ သတည်း။

NOTES

အလွန်တရာ exceedingly; adv. formed fr. v. လွန် to take precedence, transgress, exceed. အရှက် shame. ဆတ္တာသည် *(sattathè)* a barber. မေဒဂံ for P. မေဒင်ရော one of the former Buddhas. မိမိ his. မယား a wife. ည night (sometimes ညည့် or ညဥ့်) အခါ time; the post-position ၌ is usually omitted after a word expressing 'time.' တွေ့ to meet with. အား to. လွဲ or လွှဲး to go out of the way; transfer. ခရီးလွဲ to give the road. ပါး the cheek. ပုတ် to slap. လိုက် to follow (often used simply as a strengthening verb.) ရှက်စနိုး၍ becoming ashamed; စနိုး as a formative gives the idea of *probability*; but here I think the meaning must be စ to begin; နိုး to be around, i.e. feelings to shame began to be aroused. စိုး to fear (because he feared that others would know about it). နှစ်လုံးမသာလျှက်နေလေ၍ he was unhappy; the verb နေ *to remain,* when coupled with another verb, simply implies a state of continuance, and should not be translated အချင်းချင်း one with another; ချင်း a single one, is an indefinite pronoun meaning *self.* ကြလေကုန် the two plural affixes with the euphon. affix between. အစဉ်အတိုင်း in due course: စဉ် to place in a row; တိုင်း the measure. ကြား to hear. တော်မူ honorific verb; both တော် and မူ are verbs: တော် to be worthy, fit, sufficient; မူ to do. ခေါ် to call, send for. မေး to question. တိတ် to be silent: when a verb is reduplicated it gives an adverbial force. နှစ်ကြိမ်သုံးကြိမ် two or three times; အကြိမ် time, fr. ကြိမ် to meet with. အများဆိုတိုင်း ဟုပ်ပေ၏ according as many say it is true; ဟုပ် to be true. အကျွန်ုပ်လွဲရမည် အဘို့ကို instead of where I ought to have given the road; ရမည် about to get = must, ought; အဘို့

what is for, belonging to (pronounced အဖို့), fr. ဖို့ to throw into, heap up; the use of ကို here is peculiar, and must be taken in the sense of မှာ as regards. လျှောက် to inform (a superior). အခွန်း aux. for words. မျှ even. ထွန်း very, an adverbial form of ထွန် or ထွန် to exceed. နောက်ခိုင်းထိုင် to sit with face turned away (back). သူသတ် an executioner (person-killer). အပ် to hand over. လက် hands and feet. ဖေါင် a raft. မျှော to set afloat; မျှော to float with the current. နှင့် prohibitive affix. အကြပ် or ကျပ် a weight, five ကျပ် = three ounces. အဘယ်ကြောင့် why? သဌေးဆိုပြန်သည် ကား This is what the rich man answered. အရှက်ကွဲ to put to shame. ဘွဲ့ or ဖွဲ့ to unite together. မျှောလေဘိက if he be set afloat, i.e. from being set afloat; ဘိ euphon. affix. တင် to ground, put on. ပြောင်းပြန် upside down, i.e. to change again, to be the reverse of what it ought to be, inadvertently. အမျှောခံရသည် I had to undergo floating. ယင်းသို့သော်ကား in that case. မာန်စောင် pride; မာန် fr. P. မာန pride; စောင် or စောင်း to be higher on one side (as we say, 'to put on side'). တို့ for ငါတို့ our. ထန် to be suitable for. အရပ်ရပ်၌ in whatever places. ကြားနှံ့ to be gossiped about abroad; နှံ့ to be diffused. မကောင်းပါခဲ့တကား it would not be good. ဆုလပ် a reward; ဆု a reward, လပ် fr. P. လာဘ gain. သို့ပြီးမှ after having done so. ကွယ်ရာမြင်တိုင်း every hidden thing seen. In all matters, one should not do so as to declare them to others. Though blame be not imputed to those who are blameable, punishment will come to them, they say. ထင်ရှားစွာ clearly: ထင် to be clear, conspicuous; ရှား to be scarce. ဘေး fr. P. ဘယ fear, calamity.

N.B. — ဆတ္တာသည်, the latter part of this word is အသည်, a word used to denote one who performs certain callings. ဆတ္တာ is not Burmese, but may be from P. ဆတ္တံ an umbrella; the umbrella-bearer being also the king's barber.

သဌေး or သူဌေး generally denotes a person of the Vesya caste.

ဝန်တိုသော အိုးထိန်းသည်နှင့် ခဝါသည်၏ အကြောင်း
The Account of the Short-tempered Potter and The Washerman.

ရေးသောအခါ သုမေဓာဘုရား လက်ထက်တော်၌။ အိုးထိန်း သည် တယောက်သည် မကောင်းသော အကြကို ကြိမ်သော့ကြောင့် အရှိခြန် တည်စွာသော ခဝါသည် ခဝါဖွပ်သဖြင့် ဥစ္စာပစ္စည်းများစွာနှင့် ပြည့်စုံသည်ကို မရှူလိုသည်ဖြစ်၍ ချော်ပြစ်လေသည်ကား။ မင်းကြီးထံ ဝင်၍ အရှင်မင်းကြီး၊ ဆင်တော်ကား အမဲဖြစ်သည်။ ဆင်ဖြူဖြစ်အောင် ခဝါသည် ဖွပ်ပါစေသော် ဆင်ဖြူရှင် မဖြစ်ပါလောဟု လျှောက်လေ၏။ ထိုသို့လျှောက်ခြင်းသည်မှာ မင်းကြီးအကျိုးလို၍ လျှောက်သည် မဟုတ်။ လျှောက်သည်အတိုင်း ခဝါသည်ကို ဆင်တော်ကို ဖွပ်စေမှုကား နောင် ဆင်မဖြူလျှင် စည်းစိမ်ချမ်းသာတို့သည် ပျက်စီးကြအံ့ဟု အကြရှိ၍ လျှောက်လေသတည်း။ မင်းကြီးလည်း အိုးထိမ် စကားကို ကြားလျှင် အကယ်ပင်မှတ်၍ မဆင်ခြင်ဘဲ ပညာနည်းသော့ကြောင့် ခဝါသည်ကို ခေါ်၍ ဟယ် ခဝါသည်၊ နင်သည် ငါ့ဆင်ကို ဖြူအောင်ဖွပ်လိုက်ဟု မိန့် တော်မူ၏။ ခဝါသည်လည်း အိုးထိန်းအကြကို သိ၍ မင်းကြီးအား ဤသို့လျှောက်၏။ အရှင်မင်းကြီး၊ ငါတို့ ခဝါသည်၏ အတတ်ကား မြင်းချေးဆပ်ပြာနှင့် ပုဆိုးကို ပေါင်းတင်၍ ဖွပ်မှသာ ဖြူနိုင်ပါမည်။ အရှင်မင်းကြီး ဆင်တော်ကိုလည်း ထိုနည်းတူ ပေါင်းတင်၍ ဖွပ်ရမှ ဖြူနိုင်ပါသည် ဖြစ်သော့ကြောင့် ဆင်တော်နှင့် တန်ရံသော ပေါင်းအိုး ပေါင်းချောင်နှင့် ပေါင်းတင်မှ ဖြူအောင် ကျွန်တော်ဖွပ်ရမည်ဟု လျှောက်လေ၏။ ထိုလျှောက်ချက်ကို မင်းကြီးကြားသော် ဖျည်းအိုး ပေါင်းချောင်တို့ဟူမှုကား ခဝါသည်တို့ အရာမဟုပ်ပေ။ အိုးထိန်းတို့ အရာသာ ဖြစ်လေသည်ထင်၍ အိုးထိန်းကို ခေါ်တော်မူပြီးလျှင် ဟယ် အိုးထိန်းသည်။ ဖျည်းအိုးပေါင်းချောင်ကြီး၌ ဆပ်ပြာရေဆွတ်၍ ပေါင်းရ မည်ဖြစ်သော့ငြ့ ငါ့ဆင်နှင့် တန်ရံသော ဖျည်းအိုးတစ်လုံးကို ထုတ် လော့ဟု မိန့်ဆိုလေ၏။ အိုးထိန်းသည်လည်း မင်းကြီးစကားကို ကြား လေသော် အဆွေအမျိုးတို့ကို စုရုံး၍ မြေကို များစွာပုံပြီးလျှင် ဆင်နှင့် တန်ရံသော ဖျည်းအိုးကိုလုပ်ပြီးသော် မင်းကြီးအား ဆက်လေ၏။ မင်းကြီးလည်း ခဝါသည်ကိုခေါ်၍ ပေးတော်မူ၏။ ဆပ်ပြာရေထည့်၍ ဆင်ခြေနှင့် နင်းကာလ ဖျည်းအိုးကွဲလေ၏။ တဖန် ခိုင်ခဲ့အောင် လုပ်ပြန်သော်လည်း ထူလွန်းသော့ငြ့ မကျက်နိုင်။ ပါးလွန်းသော်ကား ဆင်ခြေနှင့် နင်းလျှင်

43

မခံနိုင်သည်နှင့် ကွဲပျက်လေ၏။။ ယင်းသို့လုပ်ရ ဖန်များသော့ကြောင့် အိုးထိန်းသည်သည် မိမိအလုပ်ကိုလုပ်၍ မစားနိုင် သဖြင့် ပျက်စီးခြင်းသို့ ရောက်လေသတည်း။။

ထို့ကြောင့် သူတစ်ပါးတို့ကို ဖျက်ဆီးအောင်ကြံသော သူတို့ သည် သူကို ကြံသည်မမည်။။ မိမိကိုယ်ကိုသာ ကြံသည်မည်ရာ၏။။ မိမိ၌ ဥစ္စာနည်းပါးသော်လည်း သူတပါးကို ဤကွဲသို့ မကြံစည်ရာ။။ စည်းလဲခြင်းအမှု၌ ပြုကျင့်သမျှသော သူတို့ကို ရှောင်ကြည်အပ်လေ သတည်း။။

NOTES

ဝန်တို irritable, disobliging; fr. ဝန် a burden, ထို to be short. အိုးထိန်းသည် a potter; အိုး a pot, ထိန်း to take care of, သည် termination for certain trades. ခဝါသည် a person who washes clothes; ခဝါ the washing of clothes (derivation uncertain). သုမေဓါ one of the Buddhas. မကောင်းသောအကြံကို ကြံမိသော့ငြေ့ because of happened to entertain evil thoughts; ကြံ to think, intend. အရံခြံသည်စွာ well established. ခဝါဖွပ် to wash clothes; ဖွပ် to clean by beating or pounding. ပစ္စည်း goods, fr. P. ပစ္စယာန် requisites, ဥစ္စာ P. accumulated wealth. ပြည့်စုံ abounding in. ရှု to look at, မရှုလိုသည် ဖြစ်၍ not being desirous to bear the sight of. ချော်ပြစ် to slip, commit an error. ဆင် elephant, တော် royal affix. မဲ to be black. ဖြူ to be white. ဆင်ဖြူရှင်မဖြစ်ပါသော Will you not become 'the owner of a white elephant?' (a very much-coveted title). မှာ = တား as for. အကျိုး advantage. ထို to desire. မဟုပ် not true, no, not. ဖွပ်စေမူကား if he caused him to clean it. နောင် afterwards. စည်းစိမ်ချမ်းသာ prosperity, wealth, and happiness. အကယ် true, for certain, safe, fr. ကယ် to save, ပင် even. မှတ် to think, note. ဆင်ခြင် to consider; ဆင် to arrange, ခြင် to measure (with a basket). နည်း little, few. ဟယ် O you. နင် you. လိုက် imp. affix. harsh; does not give the force of the different affixes. မိန့် to speak with authority. အထက် science, skill. မြင်းချေး horse-dung. ဆပ်ပြာ a kind of earth used for washing, soap. ပေါင်းတင် to steam; ပေါင်း to bake in an oven, steam; တင် to put on (the fire). ပေါင်းအိုး and ပေါင်းချောင် pots with small holes at the bottom used for steaming. ဖျည်းအိုး wide-mouthed pots; ဖြဲး or ဖြည်း to gape. ကျွန်တော် I. အချက် subject-matter; လျှော်ချက် petition, address. ဟူမူကား if one talks of, as regards. အရာ business. ဆွတ် to moisten. ထင် to think. ၍န် sufficient for; ရုံ so much and no more လုံး round; num. aux. လုပ် to make လော့ imp. Affix. အဆွေ အမျိုး friends and relatives. စုရုံး to assemble. မြေ earth. ပု to heap up. ဆက် to present, set before a person in authority. ဆပ်ပြာရေ soap-water. ထည့် to put in. နင်း to tread. ့ကာလ (P. time) when. တွဲ to split. ခိုင်ခံ့ to be strong, firm. ထူ to be thick. သော့ငှေ့ for သော့ကြောင့်. ကျက် to boil, to be cooked. နိုင် or နိင် to be able. ပါး to be thin. ခံ to bear. သည်နှင့် since; not given in. ယင်းသို့ so, in consequence. လုပ်ရဖန်များသော့ကြောင့် because the times he had to make (them) were many; မိမိအလုပ် his own work; မစားနိုင် being unable to eat, i.e. he could not get a livelihood. သူကို ကြံသည် မမည် are not said to plot against. စည်းလဲးခြင်း deceit, artifice. အမှု a matter, business. ကျင့် to do. ပြုကျင့်သမျှ သူတို့ as many as do. ရှောင်ကြည် to avoid, shun. N.B. —မြင်းချေးဆပ်ပြာ horse-dung soap; some say it is so called because it is made up in round lumps like horse-dung, or it may be from a plant called မြင်းချေး *slercularia*. ဆပ်ပြာ is a kind of fullers' earth.

မဟာမန္ဒာ မင်း နှင့် သခွါး ယာခင်းစောင့် အကြောင်း
The account of King Mahāmanda and Watchman of Cucumber Garden

ရှေးသောအခါ။ ဝေဿဘူ ဘုရားလက်ထက်တော်၌ မဟာမန္ဒာ အမည်ရှိသော မင်းသည် ပါရာဇီဏက အမည်ရှိသော ပြည်ကိုမင်းပြု၏။ တနေ့သ၌ စစ်သည်ဗိုလ်ပါများနှင့် စစ်ချီလေသော် တောင်သူ သခွါးယာခင်းနား၌ တပ်ချ၍ နေလေသည်။ ထိုမင်းကလည်း ဟော့အချင်းတို့၊ သခွါးယာခင်းကို မထိခိုက်ကြနှင့် မောင်းကြေးနှင်ခပ်စေ၏။ ညည့်အခါမဲ့၍ ထိုမင်းကိုယ်တိုင် သွား၍ ကြည့်လေသော် သခွါးယာခင်း စောင့်သောသူသည် ဟော့ယောက်ျား၊ သခွါးသီးကို မထိပါနှင့်ဟု ဆို၏။ အဘယ့်ကြောင့်လာသနည်းဟု မေး၏။ ဟော့ယောက်ျား၊ ငါ မင်းတည်းဟု

ပြန်ဆိုလျှင် သခွားယာခင်း စောင့်သော တောင်သူကလည်း နင်မင်းဖြစ်စေကားမူ မင်းအမှန်ဖြစ်သော် အခြေအရံမရှိဘဲ တပါးတည်းရော်လာရမည်လောဟုဆို၍ လှံတန်နှင့် ခါးဆစ်ကို ရိုက်၍ ထိုမင်းသေလေ၏။ ရင်းအလောင်းကိုလည်း သခွားနွယ်တို့ဖြင့် ဖုံးလွှမ်း၍ ထားလေ၏။ ။ထိုအခါ အမတ်ကြီးသည် မင်းမရှိသည်ကို အမှန်သိ၍ သခွားယာခင်းသို့ သွား၍ ရှာလေသော် သခွားယာစောင့်ကလည်း ဟေ့ယောက်ျား၊ သခွားယာကို မဝင်နှင့်။ ယခင်ကလည်း လူတယောက်ဝင်လာ၍ ရိုက်နက်သဖြင့် သေလေပြီ။ နင်လည်း သေချင်သလော ဟုဆို၏။ ။

NOTES

မဟာမန္ဒာ a Pāli name; မဟာ great; မန္ဒာ slow, stupid, weak. ဝေဿဘူ Vessabhū (pronounced *Weitthabhū*), one of the Buddhas. ပါရာဇိဏက name of a city or a country. မင်းပြု to do king, i.e. to rule over. စစ်သည် Warriors. ဗိုလ် fr. P. ဗလော strong; ဗိုလ်ပါ troops. စစ်ချီ to wage war, to go on an expedition, march. တောင်သူ a hill-man, cultivator. သခွား cucumber. ယာ a clearing for cultivation; ခင်း to spread out, set in order; ယာခင်း a garden. တပ် a stockade; ချ to pitch a camp. ဟေ့အချင်းတို့ Ho, you! (soldiers, sirs). ထိခိုက် touch, come in contact with. မောင်း၊ ကြေး two kinds of gongs. နင်းခေါ် to strike gongs—he caused to proclaimed by beat of gongs. ညည့်အခါမဲ့ at an unreasonable time of the night; မဲ့ to be wanting. အသီး a fruit. အခြေအရံမရှိဘဲ without attendants. တပါးတည်း alone; ပါး is used as the num. affix. For persons in authority. ခါးဆစ် (pronounced *khasit*) waist-jointed, small of the back. ရင်း for လည်းကောင်း (of) that one, his. အလောင်း a human corpse (probably looking on it as the embryo of a future being). အနွယ် tendrils, vines. ဖုံးလွှမ်း to cover over completely. အမတ်ကြီး a minister of state ယခင်ကလည်း only just now. ချင် optative aux. affix.

အမတ်ကြီးလည်း ခြော်ငါတို့ သွင်ဖြစ်ရာသည်ဟု ဆိုပြီးလျှင် သခွားနွယ်ကို ဖွင့်လှစ်၍ ကြည့်လေသော် မင်းကြီးအလောင်းကို မြင် လေ၍ စစ်သည်ဗိုလ်ပါတို့ သိကြလျှင် ပျက်စီးကြအံ့သတည်း။ တပါး သော မင်းတို့သည် မင်းမရှိကြောင်းကို အမှန်သိကြလျှင် ငါတို့ပြည်ကို လုယက်ဖျက်ဆီးကြအံ့တကားဟု ကြံ၍ သခွားယာ စောင့်သော တောင်

သူအား နင်ငါတို့မင်းကို သတ်ပြီးသော် ငါတို့ အရှင်ဝတ်သော အဝတ် တန်ဆာတို့ကို ဆင်ရင်၍ မင်းပြုလော့ဟု ဆို၏။ သင်္ခါးယာ စောင့် ကလည်း အမတ်ကြီးစကား ကြားသော် ဟေ့အမတ်ကြီး၊ ငါကား ဆင်း ရဲသားတကား။ ငါ့ယာတွင် ခွေးနို့စို့ဘိသကဲ့သို့ သီးသော သင်္ခါးခင်းကို ပြစ်၍ အဘယ့်ကြောင့် ငါမင်းပြုအံ့နည်းဟု ဆိုပြန်၏။ အမတ်ကြီး လည်း နင် ငါတို့မင်းကို အသေသတ်ပြီးလျက် မင်းမပြဲ နေရမည် လောဟူ၍ လည်ကုပ်ကို ညွတ်၍ သုံးချက်ထုလေ၏။ ထိုသို့ထုပြီးမှ အရှင်၊ အရှင်၊ အမတ်ကြီး၊ မညည်းဆဲ လင့်တော့။ ငါကား အမတ်ကြီးစကားကို လိုက်နာအံ့။ သင့်အာဏာကို ငါမဆန်နိုင်ပြီ။ မင်းပြုတော့မည်ဟုဆိုလျှင် မင်းကြီးဝတ်ဆင်သော အဝတ်တန်ဆာတို့ကို ဝတ်စေ၍ ရှေးမင်းဟောင်းကဲ့သို့ မင်းပြုလျှင် သူတပါး မတုပကြဝံ့ဟု အမတ်ကြီး အမှတ်ရှိပြီးမှ ပြည်သို့ ပြန်ကြလေ၏။

NOTES

ဪော် Ah! Alas! သခင် lord, master; from သူ person, ခင် to be attached to; an owner. ဖွင့် to open; လှစ် to part; ထု to take by force; လုယက် to ravage. ပျက်စီး here means "to be broken up and demolished;" ဖျက်ဆီး is transitive form. ဆင်ရင် to adorn oneself with. ဟေ့ vocative, Eh! ဆင်းရဲ to be poor; ဆင်းရဲသား a poor man. နို့စို့ to suck the breast; နို့ milk, teat. "My cucumber garden in fruit, which requires as much care as a litter of sucking puppies." ပြစ် to relinquish, throw away. အသေသတ် to strike dead, kill. လျက် since. ရ can, must. လည်ကုပ် the nape of the neck. ညွတ် to make bend down. ထု to bound (with the fist). အရှင်၊ အရှင် My lord, my lord. ညည်းဆဲ to hurt. လင့်တော့ let's not. လိုက်နာ to follow and listen to. အာဏာ P. orders ဆန် to go against, oppose ပြီ fut. affix. တော့ affix denoting slight necessity. ရှေ့ former. ဟောင်း old, when used for people – French *ancien*. တုပ to imitate, rival. ဝံ့ to dare. အမှတ်ရှိ to have the tought, i.e. to think.

အမတ်ကြီးလည်း အစည်အတိုင်း ငြိမ်သက်စေ၍ ပြည်သို့ ရောက်လေပြီးသော် ထီးဖြူကို ဖွင့်၍ ရွှေအတိပြီးသော ဒုရင် ခမောင်အောက်၌ နေစေ၍

အမတ်ကြီးသား တဆယ်ခြောက်နှစ် အရွယ်မြောက်သော လုလင်ကို မင်းကြီးဝယ် အမြဲလုပ်ကျွေးခစားစေရန် ပေးအပ်၏။ မိဘုရားလည်း အမတ်ကြီးကို မေးကာလ အမတ်ကြီးက အကြောင်းမျိုးကို ပြော၏။ မိဘုရားလည်း အမတ်ကြီး စကားကို နားထောင်လေ၏။ ထိုအခါလုပ်ကျွေးသော အမတ်ကြီးသားသည် ဤမင်းကား ငါ့အဖ သူကောင်းပြုသောကြောင့် မင်းဖြစ်သတည်းဟူ၍ မရိုမသေ ပြုချေသော့ကြောင့် မင်းကြီးနှစ်လုံး မသာသည် ဖြစ်၍ ငါသည် ရှေးသောအခါ သူဆင်းရဲဖြစ်၏။ ယခုနင့်အဖ သူကောင်းပြု၍ ငါမင်းဖြစ်ပြီးသော် ငါ့အားမရိုမသေပြုရာသလောဟု ထောင်းထု ပုတ် ခတ်ခြင်းကိုပြုလေ၏။ အမတ်ကြီးသားလည်း မင်းကြီးပြုသော အ ကြောင်းတို့ကို အမတ်ကြီးအား ကြားပေ၏။ အဖလည်း အမျက်ထွက်၍ ငါသည် ဤသူဆင်းရဲကို မင်းပြုစေလို၍ မင်းပြုရသည်တကားဟု မထီမဲ့မြင်သော စကားကိုဆိုမည်ဟူ၍ မင်းနန်းတော်သို့တက်လေသော် ထီဒဖြူစောင့်သော နတ်သ္မီးသည် ဆီး၍ ဆိုလင့်၏။ ဟေ့အမတ်ကြီး၊ ဤမင်းကားဘုန်းကြီးသော မင်းတည်း။ မနာလိုသော စကားကို မဆို လင့်ဟု ဆိုလေ၏။ တံခါးရွက်၌ရှိသော အရပ်နှစ်ခုသည်လည်း အမတ် ကြီး လည်ကုပ်ကို ညွတ်၍ ထုလေ၏။ အမတ်ကြီးသည်လည်း အလွန် တရာ ရှက်ကြောက်သည်ဖြစ်၍ သမာဓိကို တည်စေ၍ ဤမင်းကား အလွန်ဘုန်းကြီးသည်တကား။ မနာလိုသော စကားကို ဆိုမည်ဟူ၍ ကြံကာမျှပင် ဤသို့ဖြစ်ချေတုံသည်ဟု လက်ဦးချီ၍ မင်းကြီးကို ရိုသေစွာ ရှိခိုး၏။

NOTES

အစည်အတိုင်း in due course. ငြိမ်သက် to be peaceful. စေ causative auxil. Verb—it is not clear who was specified, but we must suppose the whole country. နန်း palace, throne; နန်းတက် to ascend the throne. ထီးဖြူကိုဖွင့် to open the white umbrella (symbol of royalty). ရွှေအတိပြီး nothing but gold, i.e. of solid gold; အထိ from ထိ to pare off and make smooth; also in the form of စတ် solid. ဒုရင် ခမောင် a canopy over the throne; ဒုရင် a steeple, minaret; ခမောင် or ခမောက် a kind of broad hat. တဆယ်ခြောက်နှစ်အရွယ်မြောက် sixteen years old; မြောက် to be raised, is often used to imply multiplication. ဝယ် with.

အမြဲ constantly. လုပ်ကျွေး to attend upon. မိဘုရား a queen, wife of king. A queen in her own right is ဘုရင်မ female sovereign ခစား to pay respect. ရန် for the purpose of. အကြောင်းမျိုး the whole of circumstances. သူကောင်းပြု to be a benefactor; lit. to do good to person. မရိုမသေ disrespectfully; ရို to respect; သေ to be still, quiet. ထောင်းထုပုတ်ခတ်ခြင်း a good beating: this is a good specimen of a compound noun formed from a number of verbs signifying various manners of striking; ထောင်း to pound with the elbow; ထု to pound or hammer (with a fist); ပုတ် to slap; ခတ် to strike a back-hander. ကြား to inform. အမျက် anger; ထွက် come forth. ပြုရ , this ရ gives a passive force to the verb ပြု to assume the character of. မထီမဲ့မြင် disrespectfully; ထီ to reverence; မဲ့ to be wanting; မြင် to behold. ဆီး၍ဆိုလင့်၏ spoke and prevented him. ဘုန်း glory (always pronounced ဖုန်း). မနာလိုသောစကား words not desirable to be heard. တံခါးရွက် the leaves of the (folding) doors; တံခါး (pronounced *ta-gā*) a door; အရွက် a leaf. Images carved on a palace doors are supposed to be inhabited by fairies, whose duty it is to guard the king. In this case they treated the prime-minister just as he had treated the gardener. သမာဓိ P. concentration; proper control of the senses. ဆိုမည်ဟူ၍ saying, I will say, i.e. intending to say. ကြံကာမျှပင် even whilst intending (i.e. before utterance); ကာ = လျက် continuative affix, လျှင် merely strengthens မျှပင် even. ထုံ implies 'in turn', i.e. it now happened to the minister in his turn as it had to the gardener. လက်ဦးချီ to raise the hands to the head in adoration. ရှိခိုး to do obeisance: the derivation of this word is not apparent.

MORAL

ထို့ကြောင့် ဘုန်းလက်ရုံးနှင့် ပြည့်စုံသော သူတို့ကို ကွယ်ရာ၌ရှင်း၊ မျက်မြင်ရာ၌ရှင်း၊ ပြစ်တင်စကားကို မထီမဲ့မြင်မဆိုအပ်။ ပညာရှိသော သူတို့၏ စကားကို နားကြားကြသော သူတို့သည် အပြစ်မှလွတ်၍ အကျိုးခံရကြရာသတည်း။ မနာလိုသော သူတို့သည် အပြစ်ကြီးစွာ ခံရ ရာသတည်း။ ။ ပြည်ကိုအစိုးရသော အရှင်တို့သည် တယောက်တည်း မသွားအပ်ရာ။ ကိုယ်တပါးတည်း သွားမိသော့ကြောင့် ထိုမင်းသောဘု

လေ၏။ ။ မင်းတပည့်ဖြစ်စေ အဆောင်အရောင်ပြစ်၍ မသွားအပ်။ မုတ် ဆိုး၊ တံငါဖြစ်သော်လည်း တယောက်တည်း မသွားအပ်။ မင်းတပည့် ဖြစ်စေ၊ ပုထုဇန်ဖြစ်စေ၊ သူခပ်သိမ်းတို့သည် အပြစ်ရှိသော သူကိုပင် မကဲ့ရဲ့အပ်။ အဘယ့်ကြောင့်နည်း ဟူမူကား။။ တန်ခိုးကြီးသော နေမင်း၊ လမင်းတို့သည် ဝါးလုံးခေါင်းကို မထွန်ပနိုင်။ လမင်းသည် တန်ခိုးကြီး သော်လည်း နေနှင့်အတူ သွားချေသော် ပျောက်ရချေ၏။ ။နက္ခတ် တာရာတို့သည် မြတ်ပါလျက် မြင့်မိုရ်တောင်ကို လှည့်၍သွားကြရ၏။ နဂါးတို့လည်း မြတ်ပါလျက် ဖား စိမ်းကို စားကြရ၏။ ။ ဂင်္ဂါ မြစ်သည်လည်း မြတ်ပါလျက် လှေသဘော်တို့ကို ဖျက်စီးတတ်၏။ မယားတို့သည်လည်း မွန်ရည်ကြပါလျက် အိမ်၌ ကျွန်တို့သည် မကောင်းချေသော အသရေ ပျက်ရပါ၏။ ။ ။ အထူထူသော သတ္တဝါ တို့တွင် အဘယ်လျှင် အပြစ်မများဘဲ ရှိရလေသနည်း။။

NOTES

လက်ရုံး the arm; used to denote 'power' ရုံး is prob. for ရှန်း to pull. ကွယ်ရာ၌ in secret, behind their backs. မျက်မြင်ရာ၌ in the eyesight, before their faces. ၎င်း––၎င်း either ---or, both ---and. ပြစ်တင်စကား words imputing blame. ကြား to listen to (to hear or make to hear). တယောက်တည်း -- ကိုယ်တပါးတည်း alone, by themselves; the affix ပါး denotes separation. အပ်––ရာ ought. မိ to happen. ဘူ past aux. affix. တပည့် a scholar; but here it means a follower, attendant. အဆောင်အရောင်ပြစ်၍ laying aside (his) insignia of office; အဆောင် what is carried (as a sign of office); အရောင် that which is bright in appearance. မုတ်ဆိုး a hunter. တံငါ (pronounced *tangā*) a fisherman. ပုထုဇန် P. an ordinary person. ကဲ့ရဲ့ to revile. နေမင်း၊လမင်း the sun and moon; မင်း is added as honorific. ဝါးလုံးခေါင်း the hollow of a bamboo; ဝါး the bamboo plant; လုံး round; i.e. before being split (ဝါးလုံး pronounced *wālôn*); ခေါင်း to be deficient; hollow. ထွန်ပ to illuminate. နက္ခတ် fr.P. နက္ခတ္တံ a constellation. တာရာ P. stars. မြင့်မိုရ် lofty Menu the great central mountain. လှည့် to revolve round. နဂါး B. form of P. နာဂါ a race of fabulous serpent-folk. ဘားစိမ်း green frogs; the usual reading is သားစိမ်း raw flesh, but it is a mistaken one, as can be shown from Pāli. ထား or ဖါး a frog; စိမ်း to be green; raw. ဂင်္ါ the river Ganges. လှေ a canoe. တတ် to be accustomed to. မွန်ရည် decorous, well-behaved. လျက် although. ကျွန် a slave, servant. အသရေ good character, reputation. အထူထူ various. သတ္တဝါ S. beings. လျှင် emphatic affix. ရှိရပါသနည်း can there be?

ကုမါရကဿပ ရဟန်းနှင့် ပုညာ သဌေး၏ အကြောင်း။
The Account of the Rahan Kumāra Katthaba and Puñyā the Rich Man

ရှေးသောအခါ။ ဝေဿဘူ ဘုရားလက်ထက်တော်၌ ကုမါရကဿပ ရဟန်းသည် တခုသော တောအုပ်၌ သိတင်းသုံး၏။ ထိုအရှင်ကား မဟာထေရ်ကျော်တဲင်း။ တနေ့သ၌ သဌေးအိမ်သို့ပင့်၍ ဆွမ်းကျွေးလေ လျှင် သဌေးမယားသည် သမီးနှင့်တကွ တရားနာ၏။ ရဟန်း ကုမါရ ကဿပလည်း ထိုသွီးကို အာရုံပြု၍ နိကန္တိဖြစ်လေ၏။ တရားဟော ပြီးလျှင် ကျောင်းသို့ပြန်လေသော် မအိပ်မကျိန်းတတ်၍ အနာဖြစ်ခဲ့ သည်။ တနေ့သန့်က် သဌေးလည်း ပင့်မည်ဟု သွားလေသော် အရှင်ရ ဟန်း အဘယ့်ကြောင့်နာသနည်း ဟုမေး၏။ ရဟန်းကလည်း ညြော် ဒါယကာ၊ ပုထုဇန်တို့၏ သဘောဟူမူကား သန်းဥကျောင်းမှု လောက်ရှိ သော စက္ခု ဝိညာဉ်မြင်လျှင် သတ္တဝါတို့၏ ပူပန်ခြင်းကို ဖြစ်စေတတ် ၏။ စက္ခု ဝိညာဉ်မြင်လျှင် တစုံတခုသော အကြောင်းသည် စည်းလဲ ၏။ ထိုသို့တိုက်တွန်း နှိုးဆော်လျှင် နိကန္တိဖြစ်လေ၏။ ထိုသို့ဖြစ်လျှင် ပီတိ အာရုံဖြစ်၍ အာရုံ၌ စပ် လေ၏။ ထိုသို့စပ်လျှင် သမာဓိ မတည် သည်ဖြစ်၍ ဝါတ်ပျက်ပြီးသော် အနာဖြစ်ခြင်းသို့ ရောာလေ၏။

NOTES

ကုမါရကဿပ a Pāli name; *kumāra* usually means a youth of high station, prince; *Kassapa* (pronounced *Katthaba*). ရဟန်း a Buddhist monk; fr. P. အရဟံ venerable. ပုညာ a name (P. *puññā*, virtuous). ဝေဿဘူ Vessabhū (pronounced *Weikthabhū*), one of the Buddhas. သိတင်းသုံး to perform the religious duties (of an ascetic). ထိုအရှင် that reverend person. မဟာထေရော် Mahā the, from P. မဟာ great; ထေရော an elder; a high rank amongst the Buddhist monks. ကျော် to be well known as. ပင့် to invite a person (to feast). ဆွမ်း boiled rice, presented to monks (not used for others). ကျွေး to feed. အတူတကွ together with. တရားနာ to listen to the (scared) law. အာရုံ for P. အာရုမ္မဏ် an object of thought, idea; အာရုံပြု to think on. နိကန္ဒီ P. lustful; some books have နိဂန္ဒီ which is a wrong reading. ဟော to preach, recite. ကျောင် a monastery. ကျိန်း to sleep (used for monks). တတ် able. ပင့်မည်ဟူ intending to invite. ဒါယကာ P. a giver (pronounced *tagā*), the common word used by a monk to a layman. ပုထုဇန် P. ပုထုဇ္ဇနော an ordinary man, a worldling: has here the sense of 'unconverted'. သဘော P. nature. သန်း a louse; ဉကျှေါင်း head, i.e. the smallest imaginable portion. စက္ခု P. eye. ဝိညာဏ် fr. P. *viññanam*, the consciousness; both together mean 'eyesight' တစုံတခု something or other. စည်းလဲ to deceive. မနော P. mind. တိုက်တွန်း to instigate. တိုက် to bring into contact; တွန်း to shove. နိုးဆော် to rouse up; ဆော် to stimulate. ပီတိ P. joy, pleasurable sensation. စပ် to be joined to, at one with. သမါခိမတည် not being firm in a right course; သမာဓိ P. calm, self concentration. ဓါတ် fr. P. ဓါတု the elements which compose an individual; some bodily and some mental. ပျက် to be destroyed, thrown into confusion.

ထိုသို့ဆိုသော စကားကို သဂြေးကြားလျှင် အဘယ်မည်သော ဝတ္ထုလျှင် အရှင်ရဟန်းစိတ်ကို တတ်ဖွယ်ရှိသနည်းဟု ဆင်ခြင်သည် ရှိသော် အရှင်ရဟန်းကို ပင့်ကာလ ငါ့အိမ်၌ ဤ့တရားနာသည်။ ငါ့သွီးကို မြင် လျှင် သွီး၌ တတ်သော ဝတ္ထုဖြစ်ရာ၏။ အရှင်ရဟန်း၌လည်း ငါ့သွီးကို မြတ်နိုးခဲ့လျှင် အရှက်ကွဲခဲ့အံ့ဟူ၍ နှစ်လုံးပူပန်သဖြင့် ငါ့ကိုယ်အနာ ဖြစ်ခဲ့သတည်း။ ထိုအခါ သဂြေးစည်းစိမ်ကို စောင့်သောနတ်သည်လည်း သဂြေးသွီး အရုပ် ဖန်ဆင်းလေ၏။ အရှင်ရဟန်း ဥယျည်စောင့်သော နတ်လည်း ဆင်ရုပ် ဖန်ဆင်းလေ၏။ ထိုသဂြေးနှင့် အရှင်ရဟန်းတို့ နေ ကြစည်ဝယ် ဆင်ရုပ်က သဂြေးသမီး အရုပ်ကို ဖမ်းမည်ဟူ၍ လိုက် လေ၏။ သဂြေးသမီး အရုပ်လည်း ကျောင်းသို့ တက်ပြေးလေ၏။ ဆင် ရုပ်လည်း ကျောင်းထက်သို့ တက်၍ လိုက်လေ၏။ သဂြေးသွီးလည်း အရှင်ရဟန်းအပါးသို့ ရောံလေ၏။ ထိုဆင်လည်း ရဟန်းအပါးသို့ ရောံ လေ၏။ သဂြေးသွီးလည်း အရှင်ရဟန်း အပါး၌ ရှိသော ကရားထဲသို့ ဝင်၍ ပြေးလေ၏။ ဆင်ရုပ်ကလည်း ကရားထဲသို့ ဝင်၍ လိုက်လေ၏။

သဌွေးသွှီးလည်း ကရားနို့က ထွက်၍ အရှင်ရဟန်းအပါး၌ နေလေ၏။။
ဆင်လည်း ကရားနို့က ထွက်၍ လိုက်မည်ရှိသော် ကိုယ်ကားထွက်နိုင် ၏။။
အမြီးကား မထွက်နိုင်။ ကရားနို့တွင် ညိလေသတည်း။။

NOTES

အဘယ်မည်သော ဝတ္ထုလျှင် what sort of thing, indeed; အဘယ်
မည်သော of what sort; ဝတ္ထု P. an object, cause. တပ်ဖွယ် an object of
desire. မြတ်နိုး to love. ဆင်ရုပ် the form (simulacrum) of an elephant.
နေကြစည်ဝယ် in the continuity of their remaining, whilst. ဖန်ဆင်း to
create. ဖမ်းမည်ဟူ၍ intending to seize. ကျောင်း a monastery. ထက် to
ascend. အထက် the upper part; အထဲ the inside; ပြေး to flee. လိုက် to
follow. ထွက် to go, or come, out. အပါး nearness, presence. ကရား a
pitcher with a spout. ကရားနို့ the spout of the picture. ကိုယ် body.
အမြီး tail. ညိ or ငြိ to be caught in.

ထိုအကြောင်းကို ကုမာရကဿပ ထေရ် မြင်လေသော် ညြော် ဤ၊
အကြောင်းကား အံ့ဘွယ်သရဲရှိစွတကား။။ ဤအမှုအရာသည် အဘယ်
ကြောင့်ဖြစ်သနည်း။ ညြော်ဖြစ်ခဲ့စွတကား။။ ဥပမာကို သိလို၍ ဆင်ခြင်
သော် ဤရှေ့၌ဖြစ်သော ဥပမာကိုလည်း ငါမြင်ပြီ။ ကောင်းမြတ်သော
အဆင်းကို ဆောင်သော သတို့သွှီးကို တတ်ချေသော့ကြောင့် ယခုမျက်
မှောက်၌ ဖြစ်သည်မဟုပ်တုံလောဟု မှတ်၍ သမာဓိကို တည်စေ၍ ယခု
ငါသည် ဥပမာကို ဆိုပေအံ့။ ဤကမ္ဘာမြေအပြင်ထက်၌ ဆင်ထက်ကြီး သော
သတ္တဝါမည်သည်မရှိ။ ဆင်လိုက်သော ဘေးကိုကြောက်၍ သတို့သွှီးသည်
ကျောင်းထက်သို့ တတ်ပြေးလေ၏။။ ဆင်လည်း ကျောင်းထက်သို့
လိုက်လေ၏။ သတို့သွှီးလည်း မလွတ်နိုင်သဖြင့် ကရားထဲသို့ဝင်၍ ပြေး၏။။
ဆင်လည်း ကရားနို့က ထွက်၍ လိုက်သော် ကိုယ်ကားထွက်နိုင်၏။။
အမြီးကား မထွက်နိုင်၍ ညိလေ၏။။ ထိုဥပမာ ကဲ့သို့ ယခုလူတို့၏
ဝိညာဉ်သဘောတည်း။။ သန်းဥကြောင်း ဥပမာရှိ လျက် ခပ်သိမ်းသော
သတ္တဝါတို့၏ ပျက်ခြင်းအကြောင်းကို ပြုတတ် သော သဘောတရားရှိ၏။။
ထို့ကြောင့် ဆင်ကား ရှင် ကုမာရကဿပ နှင့်တူ၏။။ စက္ခု ဝိညာဉ်ကား
ကရားနို့၌ ငြိသော ဆင်မြီးနှင့်တူ၏။။ သဌွေးသွှီး အရုပ်ကို
ဖန်ဆင်းသောနတ်သည် အရှင် ကုမာရကဿပအား နှစ်လုံး သွင်းစေချင်၍

53

သံဝေဂတရား ဆင်ခြင်တော်မူပါဟု ဆိုလျှင် အရှင် ကုမာရကဿပကလည်း ထိုစကားကို ကြား၍ ဆင်ခြင်သော ခဏ၌ ရဟန္တာအဖြစ်သို့ ရောက်လေ၏။

NOTES

ထေရ် fr.P. ထေရော a monk of high standing. အံ့ဘွယ်သရဲရှိစွာတကား this is very wonderful indeed; သရဲ is not used by itself in this sense. ဥပမာ P. an allegory, illustration. ၍ရှေ့၌ in this front, i.e. before my face. ကောင်းမြတ်သော အဆင်းကို ဆောင်သော သတို့သမီး this girl who bears so excellent a form. တတ် to set the affections on. ယခုမျက်မှောက်၌ now before my eyes; မောက် to be convex, prominent. မှောက် to cause to be prone, to make prominent. ဖြစ်သည် it has been taken place. မဟုပ်တုံလော is it not? ဆိုပေအံ့ I will explain. ကမ္ဘာ a cycle, pronounced kabā (for P. ကမ္မဘာဝ existence of *kamma*?) မြေအပြင်ထက်၌ on the surface of the earth. ဆင်ထက် above the elephant, i.e. more than an elephant. မည်သည်မရှိ there is not anything. ဆင်လိုက်သော ဘေး the danger of the pursuing elephant. ယခုလူ men of the present (world). ဝိညာဉ်သဘော P. the nature of their mind. သဘောတရား the law of their nature. အရှင် ကုမာရကဿပအား နှစ်လုံး သွင်းစေချင်၍ desiring to impress it on the heart of the reverend Kumāra Kassapa. သံဝေဂ P. consciousness of sin. ခဏ P. an instant. ရဟန္တာ Rahanda, Fr. P. အရဟတ္တ final sanctification. အဖြစ် state of being.

MORAL

၍သို့ပုံပြ၍ ပုညာ သဒ္ဓေးနှင့် ကုမာရကဿပ ထေရ်သည် အမှုသည် နှစ်ပါးနှင့် တူကြ၏။ ပုညာ သဒ္ဓေးသမီးကား သူတို့ကြိုက်နှစ်သက် သော ဝတ္ထုနှင့် တူ၏။ ပုညာသဒ္ဓေး စည်းစိမ်စောင့်နတ်နှင့် ရက္ခစိုးနတ် ကဲ့သို့ ပညာရှိ တရားသူကြီးတို့သည် အမှုသည်နှစ်ပါးတို့အား နှစ်သိမ့် ကြစိမ့်သောငှာ ဆုံးဖြတ်ကြရာ၏။ ထိုသို့သော တရားသူကြီးတို့သည် နတ်ရွာ နိဗ္ဗာန်သို့ သွားအံ့သော ခရီးကို သုတ်သင်ကြသည်ဟု ဆိုရာ၏။

NOTES

ပုံ a similitude, form. အမှုသည် a suitor. ပါး num. aux.affix. ကြိုက် to desire strongly. နှစ်သက် to be pleased with. ရုက္ခစိုး a dryad. i.e. fairy guardian of a tree, fr. P. ရုက္ခ a tree, and B. စိုး to rule. စိမ့်သောငှာ for စေအံ့သောငှာ for the purpose of causing. နတ်ရွာ the villages of the Nats; i.e. Devaland, heaven. နိဗ္ဗါန် Neikban, for P. နိဗ္ဗါနံ *Nibbānam*, Sans. Nirvāna. သွားအံ့သောခရီး road that will go to. သုတ်သင် to sweep away, make clear.

ဗြဟ္မဏ ပုဏ္ဏား လေးယောက်တို့၏ အကြောင်း။
The account of the Four Brahmans.

သုမန ဘုရား လက်ထက်တော်၌။ သက်ဿ နဂိုရ်ပြည်တွင် မဟာဗြဟ္မဏလည်း တယောက်၊ မရ္ဇိမ ဗြဟ္မဏလည်း တယောက်၊ ခုဒ္ဒက ဗြဟ္မဏလည်း တယောက်၊ စူလ ဗြဟ္မဏလည်း တယောက်၊ ဤ လေးယောက်သော ပုဏ္ဏားတို့သည် တယောက်ကို ရွှေဒင်္ဂါး အပြား တရာစီ ရကြသနည်း။ သွားကြလေသော် ရေချိုးကြအံ့သော အမှုဖြင့် ငါတို့ လေးယောက် ဥစ္စာကို တပေါင်းတစုတည်းထားကြအံ့ဟု ဆိုကြ ၏။ ထိုသို့ဆိုကြပြီးသော် သုံးယောက်သော ပုဏ္ဏားတို့ကား ဆိုကြ တိုင်း ထားကြလေ၏။ ပုဏ္ဏားအငယ်ဆုံး တယောက်မူ၊ စိတ်ကောက်ကြ ၍ မိမိဥစ္စာကို တပါးမှာ ဝှက်ထား၏။ သို့မှ သုံးယောက်တို့ ဥစ္စာ ငါနှင့်အမှု ဝေရလတ္တံ့ဟု အတူထားသော အခြင်းအရာကဲ့သို့ ပြုပြီးလျှင် ရေ အတူ ချိုးကြလေ၏။ လေးယောက်လုံး ရေမှတက်ကြသော် သုံး ယောက်သော ပုဏ္ဏား၏ ဥစ္စာကားရှိ၏။ ပုဏ္ဏားအငယ်ဆုံး ဥစ္စာကား မရှိသော် ရှင် ပုဏ္ဏားတို့၊ ငါ၏ ဥစ္စာပျောက်ခဲ့သည်။ ရှင် ပုဏ္ဏားတို့ ဥစ္စာကား အဘယ့်ကြောင့် ရှိလေသနည်း။ ငါ့ကိုပေးပါမည်လောဟု ဆို ၏။ ဤနေရာသို့ လူလည်းမလာ။ ငါတို့ လေးယောက်ဥစ္စာ ထားရာ တွင် မောင်မင်း ဥစ္စာပျောက်ခဲ့သည်ကို အဘယ့်ကြောင့် ငါတို့ပေးကြအံ့ နည်းဟု၍ အငြင်းအခုံဖြစ်ကြ၍ ရွာလတ်တရားသူကြီးထံ အဆုံးအဖြတ် ခံကြအံ့ဟု သွားကြလေ၏။ ထို တရားသူကြီးကလည်း သင်တို့ လေး ယောက်ဥစ္စာ ထားရာ အနက်တွင် တယောက်ဥစ္စာ မပျောက်ကောင်း။ မင်းတို့ ဥစ္စာကိုလေးယောက်အညီအမျှ ဝေကြရမည်ဟူ၍ ဆုံးဖြတ်လေ ၏။ သုံးယောက်သော ပုဏ္ဏားတို့ကလည်း အဘယ့်ကြောင့် ဝေရမည် နည်း

ဟူမျှစွာ အငြင်းအခုံဖြစ်ကြ၍ မြို့ကွတ်ထံသို့ ရောံကြလေ၏။ မြို့ကွတ်ကလည်း အမတ်ကြီးထံသို့ ရောက်ပြန်ကြစေလေ၏။ အမတ် ကြီးကလည်း ပြည်ရှင်မင်းကြီး ရောံပြန်ကြစေလေ၏။ ပြည်ရှင်မင်းကြီး ကလည်း ရွာလတ်တရားသူကြီးကဲ့သို့ သင့်လေ၏။ ပုဏ္ဏား သုံး ယောက်တို့ မနှစ်သက်၍ မနှစ်သက်ကြောင်းကို ဆိုကြပြန်၏။ အမတ် ကြီးကလည်း အမတ်ကြီးသို့ ဝန်ခံပြုစေ၍ ဟေ့ အမတ်ကြီး၊ ခုနှစ်ရက် အတွင်း ဤတရားကို ပြီးအောင်စီရင်လော့။ မပြီးလျှင် သင်၏ ဥစ္စာ စည်းစိမ်ကို ဖျက်ဆီးမည်ဟူ၍ ဆို၏။ အမတ်ကြီးလည်း အလွန် ကြောက်ရွံ့သဖြင့် ပုဏ္ဏားလေးယောက်ကိုခေါ်၍ ဖွေရှာစစ်ကြော မေး မြန်းသော်လည်း မထင်နိုင်ဖြစ်သောကြောင့် အလွန်တရာစိုးရိမ်ပူပန်၏။

NOTES

ြဗဟ္မဏ Brahamana (or as the B. pronounce it Byahmana), a Brahman. သုမန Sumana, one of the Buddhas. သက်ဿ နဂိုရ် the town of Sankassa; နဂိုရ် for နဂရော P. a town. မဇ္ဈိမ P. *majjhima* (B. pronounce *mitzima*), middle. ခုဒ္ဒက P. small. စူလ P. small, younger. တယောက်ကို ––– စီ to each---a piece. ဒင်္ဂါ (dingā) a coin. အပြား that which is flat, used to describe coins. ရေချိုး ---- ဖြင့် by reason of the affair of about to bathe, i.e. as they were about to bathe. ဥစ္စာ here means 'money' တပေါင်းတစုတည်း altogether in one heap. အငယ်ဆုံး the youngest. မူ but. စိတ်ကောက်ကြံ၍ thinking with crooked mind, i.e. with a bad intent. တပါးမှာ elsewhere. သို့မှ that by so doing; lit. from such. အတူထားသော အခြင်းအရာကဲ့သို့ as if he had placed in the same spot. အခြင်း an act, အရာ a matter. ရေအတူချိုး though the compound verb ရေချိုး means 'to bathe,' it admits of an adverb 'together' coming between the noun ရေ water and the verb ချိုး to bathe. ပျောက်ခဲ့သည် has disappeared. ရွာလတ် a considerable village, လတ် middle-sized. ထားရာ အနက်တွင် lit. in the aggregate of what was placed; i.e. out of the sum total which was deposited. ကောင်း to be right, good, when used as an auxiliary verb = should, ought. အညီအမျှ equally. မြို့ကွတ် the governor of a town (seldom used); ကွတ် to enforce orders, to punish. ရောက်ပြန်ကြစေလေ၏ caused them to go again (or in turn). သင့် to agree with, to confirm a decision. ဆိုကြပြန်၏ they again stated. ဝန်ခံပြုစေ၍ causing him to bear the burden (or undertake the responsibility). အတွင်း an inner part may be used instead of တွင်, the full form being အတွင်းတွင် within. ပြီးအောင် in order that it may be fully settled. ဖွေရှာစစ်ကြော မေးမြန်း to hold a thorough investigation. Each verb has a different signification and is a good illustration of a composite verb. မထင်နိုင်သောကြောင့် because he was unable to think (come to a conclusion).

ထိုအခါ၌ စန္ဒာကုမာရီ အမည်ရှိသော သတို့သမီးသည် အဖ၏ ညှိုးငယ်သောအဖြစ်ကို မြင်လေ၍ ခမည်းတော်မင်းမြတ်၊ အဘယ်ကြောင့် စိုးရိမ်သနည်းဟု မေး၏။ ည့ော် စန္ဒာကုမာရီ ချစ်သမီး ဤပုဏ္ဏားလေးယောက်တို့၏ အမှုကို ဝန်ခံပြုရမည်၊ ခုနှစ်ရက်အတွင်း မပြီးချေသော် သင်၏ စည်းစိမ်ကို ဖျက်ဆီးတော့အံ့မည်ဟု မင်းကြီးက ဆိုသောကြောင့် အလွန်စိုးရိမ်သည် ဟူ၍ ပြောလေ၏။ စန္ဒာကုမာရီ သတို့သမီးကလည်း ခမည်းတော်မင်းမြတ်၊ မကြောင့်ကြလင့်။ ခိုးသူကို ကျွန်ုပ် ရအောင်ပြုပါမည်။ ကြီးစွာသော မဏ္ဍပ်ကိုသာ ဆောက်လေလော့ဟူ၍ဆို၏။ အမတ်လည်း သမီးဆိုတိုင်းပြုစေပြီးမှ ထိုမဏ္ဍပ်လေးထောင့်၌ ပုဏ္ဏားလေးယောက်တို့ကို နေကြစေဟူ၍ စန္ဒာကုမာရီကား အလယ်တွင်နေ၏။ ညဉ်ယံလွန်ပြီးသော် သတို့သမီးလည်း ဆရာပုဏ္ဏားတို့၊ တဆယ့်ရှစ်တန်သော အတတ်တို့၌ တတ်သောအရာတခုကို ရှင် ပုဏ္ဏားတို့၊ ဆိုကြပါလော့။ အကျွန်ုပ် နားထောင်အံ့ဟုဆို၏။ အရင်မ စန္ဒာကုမာရီ၊ ငါတို့တတ်နိုင်ကြမည်မဟုပ်။ အဘယ်ကြောင့်မတတ်နိုင်ကြသနည်းဟူမူကား။ ငါတို့လေးယောက် သွားကြရာတွင် ငါတို့စိတ်ကောက်ကြသည်ကိုလည်း သူမသိ။ သူ စိတ်ကောက်သည်ကိုလည်း ငါတို့မသိကြ။ အရက်ကွလောက်အောင် ပုဏ္ဏားတို့၏ အကျင့်အာစာရ ပျက်စီးသည်ဖြစ်သောကြောင့် အထူးထူး မတတ်နိုင်ကြ။ အရင် စန္ဒာကုမာရီ သတို့သမီးသည်ကား အမတ်ကြီး၏ ခြေတော်ရင်း၌ ဖြစ်သောကြောင့်များစွာ အကြားအမြင်ရှိ၏။ အရပ်လေးမျက်နှာမှ လာလတ်သော အမေးအမြန်းကို ကြားရသည်ဖြစ်၍ ငါတို့မှတ်ရအောင် ပြောတော်ဟု ဆိုကြ၏။ ည့ော်ဆရာတို့၊ တပါးသော စကားကိုကား ကျွန်တော်မ မတတ်။ ဥပမာကို ဆိုစေကြသော်ကား ငါဆိုအံ့။

NOTES

ညှိုး ငယ်သောအဖြစ် his dejected state. ခမည်း a very respectful term for 'father' စန္ဒါကုမာရီ the girl (or princess) Tsandā (or Candā). သြော် or အော် alas! မဏ္ဍပ် mandate, for P. *mandapam*, a pavilion, booth. ထောင့် a corner, angle: always pronounced '*daung*' with a sharp accent. ညဦးယံ the first watch of the night; ယံ for P. ယာမော watch of three hours. ဆရာပုဏ္ဏား O Brahmans, teachers. တဆယ်ရှစ်တန်သော အတတ်တို့၌ in the eighteen branches of science. The names are given in the original, but being a string of Pāli words are left out of this text as useless. တတ်သောအရာတခုကို something you are skilled in. နားထောင် to listen to, lit. to erect the ears. အရှင်မ madam. ငါတို့တတ်နိုင်ကြမည်မဟုပ် that we shall be able is not true, i.e. we are unable. ဟူမူကား if (you) say, i.e. if you ask me the reason why. သွားကြရာတွင် in our going, on our journey. Nate that the plural affix comes between the verb and its formative. ငါတို့စိတ်ကောက်ကြသည်ကိုမသိကြ He knows not whether we were crooked in intent, and we know not also whether he was crooked; စိတ်ကောက် is given by Judson as 'to be out of temper,' but here it means 'crafty.' အရှက်ကွဲလောက်အောင် sufficient to cause shame. အာစာရ P. rule of practice. အထူးထူး မတတ်နိုင်ကြ we are unable (to think about) other matters. ခြေတော်ရင်း၌ at the feet of. အကြားအမြင် generally means 'a person of consequence', i.e. heard and seen. အရပ်လေးမျက်နှာ the four faces of the place, (or, as we say,) four quarters of the heavens. ဥပမာကို ဆိုစေကြသော် if you wish (cause, insist on) me to tell a parable; ဥပမာ P. a similitude, example.

The Minister's Daughter's Tale, or
မင်းသား၊ အမတ်သား သူဆင်းရဲသား၊ သဌေး သွီး လေးယောက်တို့၏ အကြောင်း။

The Account of Four Persons, viz. the Prince, the Nobleman, the Poor Man, and the Rich Man's Daughter.

ရှေးသောအခါ၌။ မင်းသား၊ အမတ်သား၊ သူဆင်းရဲသား၊ သဌေး သွီး ဤလေးယောက်ကုန်သော သူတို့သည် တက္ကသိုလ်ပြည်မှာ အတတ်ပညာ

သင်ကြလေသော် သဓွေး သွီးလည်း ဆရာသင်တိုင်း မှတ်သားပေ၏။ ထိုသတို့ သွီးလက်မှ ကညစ် လွတ်ကျလေသတည်း။ မင်းသားအောက္ကနေသည်ကို မြင်သော် တခဏမျှ ကညစ်ကို ကမ်းပါဟုဆို၏။ မင်းသား ကလည်း သတို့ သမီး ကမ်းပါဆိုလျှင် ကမ်းပါမည်။ သစ္စာတခွန်းကို ငါမှာပါမည်။ မိဘအရပ်သို့ ရောက်သောအခါ ငါ့ကို ပန်းဦးအရင်ဆွတ်စေမည်လောဟုဆို၏။ အရင်ဆွတ်စေမည်ဟုဆိုမှ ကမ်းလေသတည်း။ သတို့ သွီးကား အတတ်ပညာတတ်၍ အိမ်သို့ပြန်လေ၏။ မင်းသားလည်း အိမ်သို့ပြန်လေသော် ခမည်းတော်မင်းကြီး နတ်ရွာစံလျှင် ပြည်ကို အုပ်စိုး၍ မင်းပြုရလေ၏။ သတို့ သွီးလည်း တဆယ်ခြောက်နှစ်အရွယ်သို့ ရောက်ပြီးသော် မိဘတို့ စိတ်ရှိသော ယောက်ျားနှင့် ပေးစားလေ၏။ ထိုအခါ လင်ကိုတောင်းပန်၏။ ကျွန်တော်မသည် အရင်မယားဖြစ်ချေပြီ။ တခွန်းသော သစ္စာစကားကို ကျွန်တော်မ တောင်းပန်ပါမည်။ တခဏမျှ အခွင့်ပေးပါဟု ဟုဆိုလေ၏။ အဘယ်ကြောင့်အခွင့် တောင်းပန်သနည်းဟု မေးသော် ကျွန်တော်မသည် တက္ကသိုလ်ပြည်မှာ အတတ်သင်သောအခါ တခွန်းသော သစ္စာစကားကို ပေးမိပါသည်။ မိဘအထံသို့ ရောက်သော ကာလ ငါ့ထံသို့ အရင်ရောက်ပါဟု မင်းသားဆိုလျှင် ရောက်ပါမည်ဟု သစ္စာ တခွန်း ပေးမိပါ၏။ သတို့ သွီးလင်လည်း သစ္စာ တခွန်းဟူသော အာဏာသည် လူ ရဟန်းတို့၌ အလွန်အရေးကြီးလှသောကြောင့် အခွင့်ပေးတော့မည်ဟု ဆိုပေ၏။

NOTES

သား son, need not be translated. ကုန် all, from ကုန် to come to an end. တက္ကသိုလ် Tekkatho for P. Takkasila, Taxila, a city between the Indus and Jhelum which was a celebrated university. ကညစ် a pencil or style. အောက္က for အောက်က below. တခဏမျှ just for a moment ; ခဏ P. instant. သစ္စာ P. a promise, oath. အခွန်း num. affix. မှာ to instruct, inculcate. ပန်းဦး first flower, i.e. virginity. ဆွတ် to pluck. နတ်ရွာစံ to enjoy the villages of the Devas. Used to express the death of king. မိဘ mother, father, i.e. parents. စိတ်ရှိသော ယောက်ျား the man of their choice. (mind). ပေးစား to give in marriage. တောင်းပန် to ask for. အခွင့် permission, leave. မိ inadvertently. အာဏာ P.

authority, obligation. လူ men, in contradistinction to ရဟန်း monks, who are no longer men. ဝတာ့ denoting necessity.

အရှင်ဖြစ်သော ယောကျား ခြေကို ဆံပင်ဖြင့် ပွတ်၍ ပြီးလျှင် အဝတ်တန်ဆာတို့ကို ကောင်းစွာဝတ်ဆင်၍ သွားလေသော် ခရီးအကြားတွင် သူခိုးနှင့်တွေ့လေ၏။ သတို့သမီးကို မြင်လျှင် လက်ကို မြှောက်ကိုင်၍ အဘယ်သို့သွားမည်နည်း။ အရာမဟုပ်သော မိမ္မသွားခြင်းကား။ သတို့ သမီး၏ အသက်ကိုငင်း၊ အဝတ်တန်ဆာတို့ကိုငင်း၊ ငါ၏အဘို့ဖြစ်ပြီတကား။ သတို့သမီးအကြံ အဘယ်သို့ ဖြစ်သနည်းဟု ဆိုသော် သတို့သမီးက ခိုးသူအဘို့ဖြစ်သည် မှန်ပေ၏။ ငါ၏သွားခြင်းသည်ကား၊ တက္ကသိုလ်ပြည်မှာ အတတ်သင်သောအခါ မင်းသားတယောက်သည် သတို့ သမီးပြည်သို့ ပြန်ရောက်သောအခါ ငါ့ထံအရှင်လာလော့ဟု ဆိုလတ်သော် လာမည်ဟု၍ အာမခံမိသောကြောင့် သစ္စာပျက်ခဲ့လျှင် အပါယ်လေးဘုံ၌ ဖြစ်ရချေတော့မည်။ သူတော်ကောင်းတို့ နေရာသို့ မရောက်ချေမည် ဖြစ်သောကြောင့် မိဘတို့ ထိမ်းမြားသော လင်ကို ပန်ကြားခဲ့၍ လာပါသည်ဟုဆို၏။ ခိုးသူကလည်း ထိုစကားကိုကြားလျှင် သတို့သမီး၊ မင်းသား၌ သစ္စာမြဲသကဲ့သို့ သစ္စာတခွန်း မြဲပါစေ။ ပြန်လာလျှင် ငါ့ထံသို့ ဝင်လာရမည်ဟုဆို၍ လွှတ်လိုက်လေ၏။ ထိုခိုးသူလက်မှ လွတ်၍ သတို့သမီးသွားလေသော် ညောင်ပင်ရှိရာသို့ ရောက်၏။ ညောင်စောင့်နတ်ကလည်း အဘယ်သို့သွားမည်နည်းဟု မေးကာလ အရှင် ညောင်စောင့်နတ်မင်း၊ အရှင်ထံသို့ ရောက်လေပြီ။ ကျွန်မကား တပါးသော အကြောင်းကြောင့် မလာ။ ရှေးဆိုသကဲ့သို့ ညောင်စောင့်နတ် ရုက္ခစိုးအား ပြောဆိုလေ၏။ နတ်ကလည်း သတို့သမီး၊ မင်းသား၌ သစ္စာမြဲသကဲ့သို့ မြဲပါစေ။ ပြန်လာလျှင် ငါ ထံသို့ ဝင်လော့ဟုဆို၍ လွှတ်လိုက်၏။ သတို့သမီးကလည်း သစ္စာမြဲသောကြောင့် မင်းကြီးနန်းတော်သို့ ရောက်သောအခါ တံခါးစောင့်နတ်သည် တံခါးဖွင့်ပေး၍ သတို့သမီးသည် မင်းကြီးထံသို့ ရောက်လေသတည်း။

NOTES

ဆံပင် (pronounced s'abin) the hair of the head, not of the body. ပွတ် to rub. အဝတ်တန်ဆာ clothes and ornaments. ခရီးအကြားတွင် in an interval of the road. သူခိုး or ခိုးသူ a thief. အရာမဟုပ်သော မိမ္မ a woman whose business is not true or honest. ငါ၏အဘို့ what is for me, i.e. my booty. ရင်း --- ရင်း both --- and, either--- or. It is not necessary to have သော် before ရင် as Judson infers. အကြံ အဘယ်သို့ ဖြစ်သနည်း What think you? အဘယ်သို့ sometimes means. ' How?' and sometimes 'Whither?' သူတော်ကောင်း a religious or good person. ထိမ်းမြား or ထိမ်းမြန်း to give in marriage. ပန်ကြား to ask leave respectfully. မင်းသားခို့ --- မြဲပါစေ just as your promise to the prince was firm, so let the promise (I am about to extort) be firm. လွတ်လိုက် to release; လိုက် (to follow) is often used as a secondary verb to imply motion to or from. ညောင် the banyan. All trees are supposed to have their nats or dryads (ရုက္ခစိုး) who guard them. ကျွန်မ I (fem.). တပါးသော-- မလာ have not come for any reason other (than this). ရှေဆိုသကဲ့သို့ as before stated. တံခါးစောင့် the guardian of the door. ဖွင့်ပေး to open or give entrance.

သဋ္ဌေးသမီးတယောက်ကို သဋ္ဌေးသားသုံးယောက် လုကြသည့်အကြောင်း။

The Account of the Three Sons of Rich Men, who strove for One Rich Man's Daughter.

ထိုအခါတွင် ကမ္ဘောဇတိုင်း၌ သဋ္ဌေးလေးယောက်တို့ရှိကုန်၏ ။ ထိုသဋ္ဌေးလေးယောက်တို့သည် အလွန် ချစ်ခင်ကြ သတည်း။။ သဋ္ဌေး သုံးယောက်တို့မှာ သားတယောက်စီရှိကြ၏ ။ သဋ္ဌေးတ ယောက်မှာ မူကား သမီးတစ်ယောက်သာရှိလေ သတည်း။ အရောင်အဆင်း နှင့် ပြည့်စုံ၏။ ထိုသဋ္ဌေးသမီးကို သုံးယောက်သောသဋ္ဌေးသားတို့သည်လည်း တမန်စေကြကုန်၏။ တယောက်သောသဋ္ဌေးသားကလည်း ဤမိမ္မဆဲ့ ငါးနှစ်အရွယ်မစေ့မှီ လွန်ချေသော် ကောင်းမွန်စွာ သင်္ဂြိုဟ်ပါမည် ဟု ဆို၏။။ သဋ္ဌေးသမီးမိဘတို့ကလည်း ကောင်းပြီဟုဆို၏။ သဋ္ဌေး သမီးမိ ဘတို့ကလည်း ကောင်းပြီဟုဆို၏။ တယောက်ကလည်း ၁၅နှစ် မပြည့်မှီလွန်ချေသော် အရိုးကိုလွယ်ပါမည် ဟုဆို၏။မိဘတို့ကလည်း ကောင်းပြီဟုဆိုကြ၏။တယောက်ကလည်း ၁၅နှစ် မပြည့်မှီသေခဲ့သော် လုပ်တိုင်းကိုစောင့်ပါမည်ဟုဆို၏ ။ မိဘတို့ကလည်း ကောင်းပြီဟု ဆို ၏။ သဋ္ဌေးသမီးလည်း ၁၅နှစ်မပြည့်မှီ သေလွန်ခဲ့ပြီ။ လူလင်တို့ဆိုတိုင်း သင်္ဂြိုတ်ကြပါဟုမိဘတို့ဆိုကြကာလ တယောက်ကလည်း ငါ၀တိရှိပေ

သည်ဟူ၍ ကောင်းစွာ သင်္ဂြိုဟ်၏ ။တယောက်ကလည်း ငါဂတိရှိပေ သည်ဟုဆို၍ အရိုးကိုထုပ်ပြီးလျှင် လွယ်၍ယူလေ၏။ တယောက် ကလည်း ငါဂတိရှိပေသည်ဟူ၍ လုပ်တိုင်မှာစောင့်လေ၏ ။ထိုအခါတွင် ရသေ့ဇော်ဂျီသည် ဟိမဝန္တာတောကလာ၍ အရိုးစောင့်ကို မြင်လေ၍ လုလင် အဘယ်ကြောင့်စောင့်နေသည်ဟုမေး၏ ။အရှင် ၊ငါကား အရိုး စောင့်သောသူဟုဆို၏ ။လုလင် ၊ရှင်ပြန်စေလို သလောဟုမေးသော် ရှင်ပြန်စေလိုသည်ဟုဆိုသည့်အတိုင်း ရှေ့လက္ခဏာအင်္ဂါကဲ့သို့ သတို့ သွီးဖြစ်ပြန်စေ၏ ။ ထိုအခါ သငွေးသားသုံးယောက်တို့တွင် သငွေး သား တယောက်က ငါ အလောင်းထမ်း၍သင်္ဂြိုဟ်သောကြောင့် ငါမ ရ ကောင်း လောဟုဆို၏ ။ တယောက်ကလည်း ငါအရိုးကိုလွယ်သော် ငါမရကောင်းလောဟုဆို၏။ တယောက်ကလည်း ငါလုပ်တိုင်းမှာ စောင့်ရာတွင် ရှင်ပြန်သည်ဖြစ်၍ ငါမရကောင်းလောဟုဆို၏ ။ ငါတို့သုံးယောက်သည် အချင်းချင်း အငြင်းအခုံ များသဖြင့် အဘယ် အကျိုးရှိအံ့နည်း ။သုဓမ္မစာရီမင်းသွီးထံမှာ အဆုံးအဖြတ်ကို ခံကြမည် ဟူ၍ သုံးယောက်စလုံးတို့ သွားကြလေလျှင် အကြောင်းမျိုးကို သုဓမ္မ စာရီမင်းသွီးအား ပြန်ကြလေသော် ဤစကားကိုငါသိပြီ သငွေးသား တယောက်သည် သငွေးသွီးကို သင်္ဂြိုဟ်ပြီးသော်သွားလေပြီ ။ သငွေးသားတယောက်လည်း အရိုးကိုထုပ်လျှင် သွားလေပြီ ။ သငွေးသား တယောက်မှာကား လုပ်တိုင်တွင် စောင့်နေ၏ ။လုပ်တိုင် စောင့်သော သူမူကား အမျိုးခုနှစ်ဆက် တိုင်အောင်ယုတ်မာ၏ ။ထိုသူစောင့်ရာတွင် သငွေးသွီးရှင်ပြန်သော် သေသော်လည်း အတူနေရပြီးဖြစ်သောကြောင့် ယခုရှင်ဖက်ဖြစ်ကောင်း လေသည်ဟု သုဓမ္မစာရီမင်းသွီး ဆုံးဖြတ်လေ ၏ ။

NOTES

လု to pull from another, plunder, အရောင်အဆင်းနှင့်ပြည့်စုံသည် to be complete in appearance, i.e. beautiful. တမန် a messenger, go-between who arranges marriages. စေ to send. ဆဲ့ or ဆယ် ten. စွေ to be complete. လွန် to pass away, die. သင်္ဂြိုဟ် to perform funeral rites; from a Sanskrit word meaning 'assistance' အရိုးလွယ် to carry (her) bones. This means that after cremation he would pick up and carry the bones that were left and deposit them in the burial-ground.

လုပ်တိုင်း burial-ground.ဝတိ P. a promise. ထုပ် to do up in a packet. ထုတ် to take out. This is the spelling according to Judson, but the sound is the same and no dependence can be placed on spelling. ရသေ့ဇော်ဂျီ a Rishijogi(pronounced Y atthezawgyee). This word is from an Indian source other than Pali. ဟိမဝန္တာ the Himavanta forest inhabited by Rishis and fabulous animals. အရှင် my lord. ရှင်ပြန်စေလိုသလော do you wish (her) to be caused to be alive again? ရှေ့လက္ခဏာအင်္ဂါ former characteristics and parts. အချင်းချင်း one with another. စလုံး all. ဤစကားကိုငါသိပြီ I have become acquainted with this story, i.e. I understand. အမျိုးခုနှစ်ဆက် တိုင်အောင် unto the seventh generation. ရှင်ဖက် to associate in life.

သူကြွယ်သားနှင့်မယားသုံးယောက်အကြောင်း။
The Account of the Rich Man and his Three Wives

ထိုအခါတွင် မထင်မရှားသော သူကြွယ်သားတယောက်သည် အသက်နှစ်ဆယ်မြောက်၍ ခင်ပွန်းနေလျှင် အစည် ဆိုစမှတ်ပြု သည် ကား ငကိုမြွေခဲ၍ သေခဲ့သော် ငအကောင်ကို မီးမဖုတ် ပါလင့်။ ဖောင်ဖွဲ၍သာမျှောပါဟု အဖန်များစွာဆို၏ ။ တနေ့သ၌ ထိုယောက်ျား သည် မြွေခဲ၍သေလေ၏ ။ မယားလည်းခင်ပွန်းသည် အဖန်များစွာအ ရှေ့ ကာလကပင် မှာသည် ဖြစ်သောကြောင့် ဆွေမျိုးသားချင်းတို့နှင့်တကွ ဖောင်ဖွဲ၍မျှောလေကုန်၏ ။ မြစ်အကြေးသို့မျှောလေသော် ပြည်ကြီး တပြည်သို့ ရောက်လေ၏။ ထိုပြည်ကြီးတွင် အလီမွယ် မြွေသမား သွီးတို့သည် ဆံလျှော်ကြမည်ဟုလာလတ်ကုန်၏။ ထိုဖောင်ကို မြင်ကြ လျှင် သုကောင်တင်သောဖောင်တကားဟု သွီးအကြီးကဆို၏ ။ သွီး အလတ် ကလည်း မြွေကိုက်သည်ဖြစ်၍ သေလ သည်လည်း မိသရဟု ဖောင်ကိုကူး၍ ဆယ်လေ၏ ။ အငယ်ကလည်း အဖကိုလျှင်စွာ ခေါ်၏ ။ အဖလာလတ်၍ ဆေးဝါး မန္တရားပြုသော် ရှင်ပြန်လေသတည်း ။ အလမွယ်သွီးကလည်း ငါအလျှင်မြန်သည် ငလင်ဖြစ်ကောင်သည် ။ အ လပ်ကလည်း ငါကူး၍ ဆယ်သည်ငလင်ဖြစ်ကောင်သည် ။ အငယ်က လည်း ငအဖကိုခေါ်၍ ဆေးဝါးမန္တရားပြု၍ ရှင်ပြန်သော် ငလင် ဖြစ် ကောင်သည်ဟုဆို၏ ။ အစ်မကြီးကလည်းဆို၏ ။ ညီအစ်မတစုကား ယောက်ျား တယောက်ကို လုသောစကားသည် မသင့်ပါတကား။ ညီမ တို့

ငါတို့ပညာဖြင့် စိတ်ကိုချုပ်ပေကြသော် ဤသူကို သွားပါစေ ကုန် တော့ဟုဆို၏ ။ညီအစ်မ နှစ်ယောက်ကလည်း အစ်မကြီးစကားသည် မှန်လှပေသည်ဟုဆိုကြ၏ ။ ခြည်မန်းကို လည်တိုင်တွင်စွပ်ထိုက်လျှင် ကျက် တူ ရွေးသည် ဥယျာဉ်တော်၌ သစ်သီးတို့ကို ကိုက်စားနေလေ၏ ။

NOTES

သူကြွယ် a rich man = သဌေး one of the Vaiaya class. မထင်မရှား of no importance, inconspicuous. ခင်ပွန်းနေလျှင် having married. အစဉ်ဆိုစမှတ်ပြုသည်ကား as for what he was constantly saying. The စ is euphonic for အ all. ခဲ to bite. မီးဖုတ် to cremate. အလောင်း corpse. ဖောင် or ဘောင် a raft. ဖွဲ့ to unite. မျှော set (me) afloat. အဖန်များစွာ many times, often. မြွေခဲ၍သေလေ၏ died from snake bite. အရှေ့ကာလကပင် even from aforetimes. မှာ to instruct. မြစ်အကြေ the lower part of a river, as opposed to အညာ the upper part. အလမွာယ်မြွေသမာ, the first part of the word is taken from some other language. It occurs in the Bhuridat Jataka as အလမွါယနော, but it is not quite clear whether it is the name of an individual or class. It is, however, commonly used in Burmese for မြွေသမား a snake-charmer. ဆံလျှော် to wash the hair of head. သူ့ကောင် some one's corpse. တင် to place on. ကူး to swim out to. ဆယ် to save, bring in. အလျှင် or အရင် first. အစ်မ an elder sister. ညီမ a younger sister. ညီအစ်မတစု a band of sisters young and old. ချုပ် to restrain. ခြည် thread. မန်း from မန္တရား charmed. လည်တိုင် neck. စွပ် to put on (like a ring). ကျက်တူရွေး a parrot.

ဥယျာဉ်ဒ်သည်လည်း သစ်သီးသစ်ပွင့်တို့ကို မင်းကြီးအား ဆက်လေသော် အို့ ဥယျာဉ်ဒ်သည်၊ရှေ့သောအခါသစ်သီး သစ်ပွင့် လှ သည်။ယခုမူကား မလှဟု မိန့်တော်မူ၏။အရှင်မင်းကြီး၊ရှေ့သောအခါ ကျက်တူရွေးတို့မရှိပါ။ယခုသော်ကား ကျက်တူရွေးငယ်တကောင်ကို မနှင်ထုတ်နိုင်အောင်ရှိသည်ဟုလျှောက်၏ ။ ယင်းသို့သော်ကား ငှက်ခတ် သမားအပေါင်းတို့ ထောင်ကြလေစေဟု မိန့်ဆိုလျှင် ထောင်၍မိ လေ ၏။ သနားဘွယ်ရှိသောကြောင့် မသတ်ဘဲ မင်းကြီးထံ ဆက်လေရာ

မင်းကြီးလည်း လှပသောကြောင့် သွီးတော်အားပေး၏။ သွီးတော်လည်း ကစားဖန်များ သောကြောင့် ခြည်မျှင်ကိုမြင်၍ ထိုခြည်မှန်ကိုချွတ် လေသော် လင်ပျိုဖြစ်လေ၏။ ခြည်မျှင်ကိုစွပ်လျှင် ကျက်တူရွေးဖြစ်ပြန် လေ၏။ ညည်ကိုကား ထိုခြည်မျှင်ကိုချွတ်လျက် နေ့ကိုကား ခြည်မျှင် ကိုစွပ်လျက်နေကြသတည်း။ ကာလရှည်လပ်သော မင်းသွီးလည်း မတူတရု ဖြစ်၍ မင်းကြီးနားကြားလေ၏။ မင်းကြီးလည်း စစ်သူကြီးကို ခေါ်တော်မူ၍ စစ်ကြောမေးမြန်းစေ၏။ စစ်ကြောဖွေရှာ ကြရာတွင် ထိုကျက်တူရွေးငယ်သည် ကြောက်လန့်၍ လေသာပေါက်ဖြင့် ထွက်ပျံ လေသော် ခြည်မျှင်သည် ပြူတင်းပေါက် တွင်ငြိလေ၍ လင်လှ ဖြစ် ပြီးလျှင် သင်္ဘွေးအိမ်သို့တက်ပြေးလေ၏။

NOTES

ဥယျာဉ်သည် a gardener : အသည် according to Judson is 'an owner', but certainly not in this case; it means 'one who carries on a trade'. သမား one who is skilled in a trade ဆက် to present . နှင်ထုတ် to drive out . ငှက်ခတ်သမား a bird-catcher . ထောင် to set a trap. မိ to catch. သနား to pity; probably from သားနာ (my) flesh is pained (for you). လှပ to be beautiful; ပ to shine. ကစား to sport , play , from က to dance, စား to eat . ခြည်မျှင် thread; မျှင် to draw out long. ပျို to be youthful . ချွတ် to take off. ညည်ကိုကား – နေ့ကိုကား in the night - in the day: adversative. နားကြား to hear. ဝလသာပေါက် lit. wind-pleasant-hole, window: ပြူတင်းပေါက် (also written ပြတင်းပေါက် and pronounced *padinbauk*) window, from ပြူ to put the head out ; တင် to place; အပေါက် a hole. ငြိ or ညှိ to be caught , hitched.

သင်္ဘွေးလင်မယားလည်း သွီးနှင့်တကွထမင်းစား၍ နေနှင့်သည် နှင့် လုလင်ကိုမေးကြ၏။ လုလင်သည်အကြောင်း မျိုးကိုဆိုပြန်လေ၏။ ယင်းသို့တပြီးကား ထမင်းပွဲတွင် လက်နှိက်ရှိ၍စားစေကုန်၏။ စစ်သူကြီး ကျွန်တို့လည်း ခိုးသူတယောက် သင်္ဘွေးအိမ်သို့တက်လေသည်ကိုမှတ်၍ ထိုက်ကြကုန်၏။ သင်္ဘွေးမယားလည်း ငါတို့သွီးသားမက်နှင့် ထမင်းစားနေ ကြပါသည်။ ခိုးသူရှိသည်ဆိုသော် ဖန်ယူကြပါဟူ၍ အဖွေအရာခံကြလေ၏။ စစ်သူကြီး ကျွန်တို့သည် ရှာဖွေ၍မရကြလျှင် သွားကြလေ၏။ သင်္ဘွေးလည်း

အရောင်အဆင်းနှင့်ပြည့်စုံသည်ကိုမြင်၍ သွီးနှင့်ဆောင်နှင်းလေ၏။ ။ မင်းသွီးလည်း ထိုလှင်နှင့် ကင်းသောကြောင့် အနာအဖျားဖြစ်လေ၏။ ။ မင်းကြီးလည်း ချစ်သမီး၊ အဘယ်ကြောင့် အနာအဖျားဖြစ်သနည်းဟုမေး၏။ ။ လှင်နှင့်ကင်း၍ အနာဖြစ်သည်ဟုအကြောင်းမျိုးကို ပြန်ကြားလေ၏။ ။ ယင်းသို့တပြီးကား လှင်ကိုရှာစေဟုမိန့်တော်မူ၏။ ။ သဘင်ကြီးစွာပြ၍ သငွေးသူကြယ်၊ အမတ်၊ စစ်သူကြီးတို့သည် သေဘင်ကို ကြည့်လာကြကုန်ဟုစေတော်မူ၏။ ။ ထိုသူအပေါင်း တို့လည်း ကြည့်လာကုန်၏။ ။ထိုလှင်လည်း သငွေး သွီးနှင့်အတူကြည့်လာကုန်၏။ မင်းသွီးလည်း လှင်ကိုမြင်လေသော် ဤသူ သည် ငလှင်ဖြစ်သည်ဟုဆိုလေ၏။ ။ ထိုလှင်မသေမီ မယားက လည်း ထိုခဏဒ္ဓ မြင်လေသော် ငလှင်တကား ဟုဆို လေ၏။ မြွေကိုက်၍သေခဲ့သောကြောင့် ဖောင်ဖွဲ့၍မျှော၏။ ။မသေမှန်ခဲ့သော် ငလှင်ဖြစ် ကောင်သည်ဟုဆို၏။ ။မင်းသွီးကလည်း ငအဖအာဏာကိုကြောက်၍သာ ပြေးလေသည်ဟုဆို၏။ ။သငွေးသွီးလည်း စစ်သူကြီးကျွန်တို့သည် လှင် ကို ခိုးသူထင်၍ သတ်ကြလိမ့်မည်ဟူ၍ ငမိဘပညာနှင့်လွတ်အောင်ပြု၍ ငါနှင့်ပေးစားသော် ငလှင်မဖြစ်ကောင်လောဟုဆို၏။ ။ထိုသို့ အငြင်းအ ခုန်ဖြစ်ကြလေ၍ မင်းကြီးကလည်း ငါမင်းတကားဟု အနိုင်မပြဘဲလျက် သုဓမ္မစာရီမင်းသွီးထံမှာ အဆုံးအဖြတ်ခံကြ လေဟု မိန့်ဆိုလျှင် သွား ကြလေသတည်း။ ။ သုဓမ္မစာရီမင်းသွီးလည်း အကြောင်းမျိုးကိုမေး၏။ ။မသေ ခင်က မယားဖြစ်သောသူသည် လငွင်ကိုမြွေကိုက်၍ သေသောကြောင့် မဖုတ် ဘဲမျှော့ပါဆိုသောကြောင့် မျှော့လေ၏။ ။ မျှော၍မသေသော် လှင်မ ဖြစ်ကောင်းလောဟုဆို၏။ ။မင်းသမီးကလည်း ဤလှင်သည် ကျက်တူ ရွေးဖြစ်ခဲ့၍ သစ်သီးသစ်ပွင့်တို့ကို ဖျက်ဆီးသောကြောင့် ဒုက္ခတ် သမားတို့ကို ခေါ်၍ ခတ်ကြစေလေ၏။ ။ခတ်၍ရလျှင် ငါ့ထံသို့ပို့ လာ၏။ ။ငါ့ခင်ပွန်းဖြစ်မှ ငါ့အဖဖစစ်၍ ထိုလှုလှင်ထွက်ပြေးလေပြီ တ ကား။ ။သို့ဖြစ်၍ ငါ့လှင်မဖြစ်ကောင်လောဟုဆို၏။ ။သငွေးသွီးကလည်း ခိုးသူဟုမင်းကြီးကျွန်တို့မှတ်၍ လိုက်လာကြသော် လုလင်လည်း သေမည်ကိုကြောက်သောငှ့တို့အိမ်သို့ တက်ပြေးလာ၏။ ။ဤသူကို ကျွန်တော်အဖက မသေအောင်ပြု၍ အသက်ရှင်ရသောကြောင့် ကျွန်တော်နှင့်ပေးစားပြီးဖြစ်၍ ကျွန်တော်မလင်မဖြစ် ကောင်းလော ဟု ဆို၏။ ။

သုဓမ္မစာရီမင်သမီးကလည်း မယားဟောင်းဖြစ်သောသူသ ဌွေး သမီးမှာ လင်ကိုရေတွင် သင်္ဂြိုဟ်လေသည်ဖြစ်၍ ရှင်ပြန် သော်လည်း လင်မပြုသာ။မင်းသမီးမှာလည်း မင်းကြီးက စစ်သူကြီးကိုစေလွှတ် ဖမ်း စေရာ မိလျှင် မင်းသမီးမတားနိုင်၍ သေခဲ့သော် ဆုံးဘွယ်ရာအကြောင်း ရှိသည်ဖြစ်၍ လင်ဖြစ်ကောင်းသည်ဟုမဆိုသာ။ယခုလက်ရှိ သဌွေးသမီးမိ ဘတို့က သေသူအား မသေရအောင်ပြုချေသောကြောင့် ရှင်ဖက်လက်ရှိ သူရစေဟုဆုံးဖြတ်ပေသတည်း။

NOTES

စား၍နေနှင့်သည်နှင့် were already at dinner. ထမင်းပွဲ rice(or food) prepared and placed at table. လက်နှိုက် to dip the hand into the dish. သားမက် lit. the longed-for son, i.e. son-in-law(pronounced *thamet*). ကင်း to be separated from. သဘင် a festival, assembly.မသေမှန်ခဲ့သော် if in truth he had not died. အာဏာ P. authority. ငါမင်းကားဟု အနှိုင်းမပြုဘဲလျက် since I ought not to act imperiously,saying 'I am the king ' ခတ်၍ရလျှင် when they had caught him. တို့ for ငါတို့ our : commonly used .မယားဟောင်း the old (former)wife; ဟောင်း = F. *ancien*, when used for persons. ရေတွင်သင်္ဂြိုဟ် to perform the funeral obsequies in water. သာ is often used as a qualifying off. in judgments with the meaning of ' admissible ' မထားနိုင်၍ through being unable to prevent . ဆုံးဘွယ်ရာအကြောင်း reasons of coming to an end , i.e. he would probably have died .လက်ရှိ to have in hand, i.e. to possess. သေသူအား to the dead person , i.e. to one 'as good as dead;' for if the king's servants had caught him he would have been killed.

www.ingramcontent.com/pod-product-compliance
Lightning Source LLC
Chambersburg PA
CBHW061247040426
42444CB00010B/2288